中国数字贸易统计测度十年回顾和前瞻构想

贾怀勤 殷利梅 齐海涛 方正 王亚菲 等著

对外经济贸易大学出版社
中国·北京

图书在版编目（CIP）数据

中国数字贸易统计测度十年回顾和前瞻构想 / 贾怀勤等著 .-- 北京 : 对外经济贸易大学出版社 , 2024. 8.
ISBN 978-7-5663-2632-4

Ⅰ. F724. 6

中国国家版本馆 CIP 数据核字第 2024EM6220 号

中国数字贸易统计测度十年回顾和前瞻构想

贾怀勤等　**著**

责任编辑： 刘传志

助理编辑： 翟孟欣

出版发行：对外经济贸易大学出版社	邮政编码：100029
社　　址：北京市朝阳区惠新东街 10 号	邮购电话：010 － 64492338
网　　址：www.uibep.com	发行部电话：010 － 64492342
资源网址：www.uibepresources.com	E-mail：uibep@126.com

成品尺寸：170mm×240mm	印　　刷：北京九州迅驰传媒文化有限公司
印　　张：14.5	版　　次：2024 年 8 月北京第 1 版
字　　数：207 千字	印　　次：2024 年 8 月第 1 次印刷
ISBN 978-7-5663-2632-4	定　　价：66.00 元

目　录

绪　论

一、释题

本书名为“中国数字贸易统计测度十年回顾和前瞻构想”。开篇之际，先对书名的若干关键词作简明解释，深入阐述在此后几章陆续展开。

（一）贸易通常指对外贸易

贸易，指商品的交易行为，按交易者所处地域，可划分为国内贸易（内贸）和对外贸易（外贸）。贸易的这样指向，只在将内贸和外贸并提时——如“内外贸一体化”——才适用。通常，当在交易标的作为贸易的修饰词时，它指的就是外贸，如货物贸易和服务贸易，其指向性都是对外的贸易，而在国内市场上没有货物贸易和服务贸易这样的说法。

（二）数字贸易

数字贸易，作为一种新型的国际贸易形态，既指由数字技术直接形成的新品种的服务贸易，也指数字技术赋能于传统的货物和服务产生的新贸易方式。

（三）测度与统计的区别

这里所要说明的“测度”与“统计”的区别，不是从这两个词本身涵义上辨析，而是区分在获取表征贸易规模及其分布特点数据的不同途径和方法。50 多年来，国际组织先后发布过 3 部获取表征贸易规模及其分布特点数据的指导文献，它们分别是《国际货物贸易统计：概念与定义》《国际服务贸易统计手册》和《数字贸易测度手册》（*Handbook on Measuring Digital Trade*）①，都是指导如何获取表征贸易规模及其分布特点的数据，但是第一关键词有“统计”和“测度”之别，体现在以下 3 方面。

首先，前两部文献推行的专项统计都构成经济统计体系的组成部分，指标设立与国民核算体系（System of National Account，缩写为 SNA）和国际收支统计（Balance of Payments，缩写为 BOP）“接轨”，所采集的贸易数据正是编制 SNA 和 BOP 需要的；就后一部文献设立的指标而言，其数据本来已涵盖在既有经济统计中，但是需要使用某些方法将其“提取”出来。

其次，前两部文献提出的数据采集方法都属于国际规范，国际组织成员得执行并报告其贸易数据；后一部文献列出了某些组织成员获取数据的途径和方法，手册编纂者只是向全体成员提供，供他们使用或参考。

最后，由于采用的数据获取途径和方法不同，货物贸易、服务贸易和数字贸易统计 / 测度工作获取的数据，在准确性和次级指标分布数据可获性上依次减弱：由于货物贸易的数据来源于海关的强制性申报，且报关单上有多个填报栏目，各国（地区）关于货物贸易的数据准确性最高，且能够获取商品分类 × 贸易伙伴国别（地区）数据。服务贸易统计设计上比货物贸易复杂，首先是按 4 种交付方式分别统计，然后再要求统计服务品类 × 贸易伙伴国别（地区）数据，但是实际统计结果并不如货贸统计那样完善。还需要指出一点，鉴于中国幅员辽阔且各省（自治区、直辖市）都非常重视本辖区的业绩，与其他国家相比，中国的贸易统计机关还需要提供商品分类 × 交易地域的数据。在这方面，也是货物贸易统计胜于服务贸易统计。《数字贸易测度手册》主张尽可能在现有统计框架中附加最低工作量的调查和测算来获取数

① 这三部文献至少都有两个版本。所谓 3 部，是把同一书名的不同版本视为一部。在本书中，凡不提及是哪个版本，就是泛指该文献的总精神。

字贸易数据，因此所测度出来的数据准确性与前两章相比就差许多。它也没有提出获取商品分类 × 贸易伙伴国别（地区）数据的建议，尽管它提供的某些组织成员测度实践也有粗线条的国别（地区）划分。

综上可知，货物 / 服务贸易统计是通过官方统计制度规定的程序采集贸易数据，为 SNA 和 BOP 的核算表使用，具有较强的准确性和次级指标可分性；数字贸易测度是以既有 SNA 和 BOP 为基础，通过补充调查手段来测算数字贸易数据，其准确性逊于货物 / 服务贸易统计，只能测算出商品分类数据。当然，政府部门也可以像货物 / 服务贸易统计那样，建立数字贸易统计制度，以期从基层业者那里采集原始数据，来提高数据的准确性和满足次级分类需要。这需要假以时日，由商务部与国家统计局协调。贾怀勤把数字贸易测度视为近期行动，希望以较为快捷的方式获取有关数据，使主管部门和社会各界对中国数字贸易规模有概略的了解，并有助于中国数字贸易测度与《数字贸易测度手册》的指标相衔接；把建立数字贸易统计制度，采集全面、翔实数据视为中远期目标。

（四）本书研究仅限于数字贸易规模的测度

数字贸易测度有两个方面，一方面是规模的测度，即测度数字贸易的进出口金额，它以货币为计量单位；另一方面是对数字贸易营商条件或限制程度的测度，是将各分项指标综合为指数。本书研究仅限于数字贸易规模的测度。

（五）十年回顾的涵盖时间

十年时期指 2014—2023 年。

2014 年海关总署增列适用于跨境电商的新监管方式：跨境直购（9601）和网购保税（1210），旨在规范海关管理，实现贸易统计。这标志着中国数字贸易统计测度的起始。2018 年贾怀勤首倡数字贸易试测度，标志着数字贸易统计测度开始由货物贸易领域扩展至包含服务贸易的全领域。本书前七章的内容是对这十年探索的回顾和总结。

2023 年 8 月，世界贸易组织（World Trade Organization，缩写为 WTO，中文简称世贸组织）、经济合作与发展组织（Organization for Economic Co-operation and Development，缩写为 OECD，中文简称经合组织）、国际货币基金组织（International Monetary Fund，缩写为 IMF）和联合国贸易和发展会议（UN Conference on Trade and Development，缩写为 UNCTAD，中文简称贸发会议）联合发布《数字贸易测度手册（第二版）》。第八章阐述贾怀勤对手册第二版的了解和启示。新版手册进一步推动中国学界对数字贸易统计测度的研究和相关政府部门数字贸易统计测度方法的开发。本书就此提出对中国数字贸易统计测度方法创新构想，构成本书第九章的内容。

二、贾怀勤对数字贸易统计测度理论和方法的主要贡献

（一）早在跨世纪之际即对数字技术赋能经济贸易做出预期

跨世纪之时，“数字经济与贸易”作为词汇尚未出现，但是它所具有的现象征兆已被一些敏感的学者捕捉到。当时的提法是人类开始迈进知识经济。贾怀勤注意到经合组织《科学、技术和产业展望 · 1996 年》报告所指知识经济的 4 大特征——（1）科学技术的研究和开发日益成为知识经济的重要基础；（2）信息和通信技术在知识经济的发展过程中处于中心地位；（3）服务业在知识经济中扮演着重要角色；（4）人力素质和技能成为知识经济实现的先决条件。2000 年他撰写了《21 世纪国际经贸格局展望和中国对策之思考》，于 2001 年发表[①]。在此文中，他从这 4 大特征出发，阐述了自己对 21 世纪国际经贸格局的展望和中国对策，其中许多论断和建议具有高度的前瞻性，切中

① 此文应《与 21 世纪对话》编委会邀请撰稿。该书由时任中国社会科学院院长路甬祥主编，收入国内著名经济学家、省部级领导和中青年学者文稿 62 篇，中央文献出版社 2001 年 3 月出版。

当下发展数字经济与贸易的关键。下面列举几点。

●文中指出:“科技的发展,跨国投资、生产和经营的扩展,带起了一系列新的国际服务贸易行业和产品,也使传统的国际服务贸易行业和产品得以延伸和扩张。”这里所说的科技主要是指经合组织报告四大特征之二的信息和通信技术(Information and Communication Technology,缩写为 ICT),就是数字技术。联合国贸易发展会议和美国商务部在 2017 年之前用语就是 ICT,后来才以“数字技术”替换它。当时所谓“带来国际贸易新产品”就是现在所说的“数字贸易化”。当时所谓“传统贸易产品延伸和扩张”就是现在所说的“贸易数字化”,即数字技术为传统贸易的赋能。

●文中预期:“企业组织网络化。企业组织变得越来越精干灵活,……越来越不固定于一定的场所、地点、时间和成员,以电子手段策划工作,打破时空的界限和平面化的生产组织和管理系统,……物流、资金流、信息流本身即是国际货物贸易和服务贸易的重要组成部分。”这一预期,在当下数字时代,已经变为企业数字化的现实。跨境电商就是建立在对物流、资金流和信息流整合的基础上的国际贸易的新样态。

●当下国际社会和中国国内正致力于包括跨境电商和服务数字交付在内的数字贸易统计测度方法和制度开发,也可以从文中所说的“正是服务贸易的发展和电子商务的兴起加深了人们对传统的统计指标体系功能的局限性的认识,从而促进了国际经贸统计指标体系的完善”中发现启示。

贾怀勤在文中提出的“中国对外经贸战略应该处理好的几个问题”,今天看来仍然有现实意义。

◆“必须毫不动摇地坚持对外开放的基本国策,积极参与经济全球化进程。”“所谓‘毫不动摇’就是知难而进,不为东亚金融危机这样的经济全球化的负面影响所吓倒,不因发达国家占据国际经济秩序主导地位而畏惧,不为国内产业发展局部牺牲而徘徊。”

当下,中国还是要毫不动摇地坚持对外开放,不为“逆全球化”所动摇,不被美西方“脱钩断链”和“去风险化”所制约。致力加入全面与进步跨太平洋伙伴关系协定（Comprehensive and Progressive Agreement for Trans-Pacific Partnership，缩写为 CPTPP）和数字经济伙伴关系协定（Digital Economic Partnership Agreement，缩写为 DEPA）。

◆“工业经济意义上的比较优势和知识经济上的比较优势并举，对外经贸的规模和效益并重。”“培育中国的知识经济比较优势:（1）以信息技术为龙头的高新技术产业。……（2）用科学技术改造传统产业……。（3）以电子商务技术营造经贸管理机制和运行机制软环境，提高信息处理速度、决策的科学性和交易便捷性。（4）大力发展以信息和知识为载体的服务贸易新领域、新商品。”

这些正是当下“产业数字化”所要实现的目标。

◆“深入研究并切实建立国家经济安全保障机制和形成足够的抗御风险能力”。“电子网络支持的全球经贸交往环境复杂，风险加大”，“因此中国更有理由重视其国家经济安全”。

进入数字时代后，面对复杂的国际形势和数字技术所带来的双重效应，中央提出“统筹发展与安全”，既要高质量发展，又要实现高水平安全。

21 世纪第二个十年，国际经济和社会发展迈入了被称为“数字经济”的新时代，各国围绕数字技术的开发和应用展开激烈的竞争，数字贸易成为促进国际贸易转型和发展的有力引擎。出于对信息通信技术赋能经济贸易的预期，贾怀勤一直关注这一动向，跟踪研究，因此才有了后来的系列研究成果。

（二）对数字贸易及其测度的主要论断

1. 以“一体两翼”描述数字贸易测度与数字贸易业务的关系

“一体两翼”指数字贸易以业务推进为主体，以规则制度和规模测度为支撑。业务推进包括数字技术的开发，数字技术的应用，企业的数字化转型和政府对于数字贸易的政策扶植。数字贸易规则规范数字贸易业务，支撑其国际竞争。各经济体之间的自由贸易谈判基本上就是数字贸易规则的谈判。数字贸易规模刻画各经济体数字贸易发展状况及其在国际市场上的地位，贸易数据是各国制订政策和开展对外谈判的重要参考。因此需要对数字贸易规模进行科学的测度，以获取全面、准确和及时的贸易数据。

“一体两翼”形象地表述了数字贸易测度在整个数字贸易工作中的功能和作用。中国应该也能够在业务推进、规则制度和统计测度三个方面取得建树，并将它们贡献给国际社会。

2. 关于中国启动数字贸易测度的意义，呼吁重视中国机遇

国际组织 1970 年出台《国际货物贸易统计：概念与定义》，2002 年出台《国际服务贸易统计手册》，都是国际组织制订统计规范在先，而后中国遵循国际规范制订本国统计制度。

就数字贸易而言，中国基本上处于与发达国家一样的位置上。在中国占据业务优势的货物—跨境电商方面，中国海关已经进行了卓有成效的探索，《数字贸易测度手册》主编致辞中也对此给予赞许。中国应抓住机遇，在数字服务贸易测度方面，开发适合自己国情的测度方法，为数字贸易测度做出自己的贡献。

3. 关于中国的数字贸易统计测度研究，提出两步走设想

2018 年贾怀勤提出“两步走”，包含如下设想：

第一步：数字贸易的测度

国内首次提出开展数字贸易测度问题是在 2018 年。当时提出近期任务开展数字贸易试验性测度（试测度），以回应国际社会数字贸易测度方面的举措：有关国际组织 2017 年提出的数字贸易测度架构。而后 2020 年发布的《数字贸易测度手册》即基于此架构。如果说在国际组织制订关于货物贸易统计规范文件和服务贸易统计规范文件时中国只是被动地接受和实施的话，在这一轮应对数字贸易测度挑战中，中国应该与国际社会同步前行。

第二步：国民核算体系中的数字贸易统计核算

从远期看，依据“数字经济分类”框架，政府统计部门设计并实施系统采集数字经济及贸易的统计数据的制度方法，在全面系统数据基础上开展数字贸易核算，并测算其与数字经济各方面数据的依存关系。

从业已经历的过程看，第一步又可以分为两段路程。第一段路程是由社会智库开展数字贸易试测度，为官方的数字贸易测度探路。第二段路程是在2023 年《数字贸易测度手册（第二版）》的策动下，国家商务主管部门借鉴社会智库的测度成果，启动官方的数字贸易测度。

4. 关于官方统计制度设计与学术界试测度的关系，提出“以学促官”

由于数字经济和贸易的开放性和统计工作对业务的滞后性，使学术界和智库先于政府统计部门开展了测度。这样的测度既在一定程度上满足了各方面对数据的需求，也有力地促进了政府统计部门上马制度化统计。这在数字经济测度和跨境电商测度两个领域都有显著表现。为此贾怀勤提出了在数字服务贸易领域智库试测度先行一步的“以学促官”策略。

5. 关于数字贸易口径宽窄问题，提出“认窄识宽”理念和“二元三环”架构

“认窄”就是首先认同商务部服务贸易和商贸服务业司（简称服贸司）的窄概念，因为服贸司面对的是服务业和服务贸易，它对数字贸易的考虑就只限于这个范畴。联合国贸易与发展会议发布的“可数字交付服务”数据就是窄口径，它是目前全球唯一的涵盖各主要经济体、成时间序列、具有国际可比性的数据集。

“识宽”指要把视野放宽到货物跨境电商。中国在这方面具有明显优势，而一众发展中国家这方面的业务有待开拓。将跨境电商纳入数字贸易的业务开拓和规则谈判，有利于发挥中国的优势。海关总署对跨境电商的管理和统计监测，在实践中逐渐成熟，得到有关国际组织的好评。世贸组织和经合组织、国际货币基金组织等发布的《数字贸易测度手册》采用宽口径指标。

电信、计算机和信息服务，是数字贸易核心部分，连同可数字交付服务，作为狭义的数字贸易，是技术创新引领贸易发展的重要领域，也是发达国家国际竞争重点关注的领域。而无论是从业务角度还是学术角度，都需要平衡而有重点地处理好“窄”和“宽”的关系。

“二元三环”测度架构是对“认窄识宽”理念的形象诠释和阐发。“二元”指的是数字服务贸易和数字货物贸易两个各自独立的体系。数字服务贸易又分为核心数字服务贸易和数字赋能服务贸易，再加上数字货物贸易，形成由内而外的三个环。

“二元三环”架构，摘取经合组织和世贸组织架构的精要指标，实现对UNCTAD范畴的扩展。

6. 关于数字贸易概念和定义，提出“两化”表述

数字贸易的产生乃是数字技术与贸易相融合的结果，它呈现出两条线：一是数字贸易化，即数字技术以新产品形态进入国际贸易；再是贸易数字化，即数字技术赋能贸易，提升了贸易效能，降低了贸易成本。

贾怀勤为数字贸易做出如下定义：

数字贸易是数字技术化成新质产品跨境贸易和数字技术促成新型跨境贸易样态的总称。

对此作以下三点说明：

首先，本定义用数字技术化成新质产品和数字技术促成新型跨境贸易样态[①]，分别诠释数字贸易化趋势和贸易数字化趋势。

其次，本定义限定为一个经济体的常住单位与非常住单位之间的跨境交付。如果不排除国外商业存在开展的东道经济体境内交易，测度将变得更为复杂，目前不具备获取所需数据的可能。贸发会议对数字技术赋能服务的调查排除境外消费、自然人存在和外国商业存在3种交付模式。测度手册的数字交付贸易认可贸发会议的这个口径，并且认为按4种交付模式进行测度不

① “化成”和“促成”译为英语分别是 transformed from digital technology 和 enabled by digital technology。

是近期考虑的问题。

最后，本定义中“贸易”排除不伴随货币支付的非交易数字媒体服务。

7. 关于近期的数字贸易试测度方法，首倡“融合比法”

（1）提出此法的考虑

第一，货物—跨境电商和数字服务贸易是两个独立单元，因此它们的测度也应该分开进行，融合比法是为数字服务贸易测度服务的。

第二，潜在数字赋能服务不等于实际数字赋能服务，我们不应该简单地以前者作为后者的代理指标，或者说停留在潜在测度数字赋能服务上。

第三，由于现行统计制度不支持获取数字技术可融合服务中已融合的贸易数据，需要国家商务主管部门采用现行统计制度之外的方式来获得数据。

2018 年，贾怀勤向国家商务主管部门提出开展数字贸易试测度建议。2019 年，贾怀勤再次致信国家商务主管部门，提出了具体的数字贸易测度思路和融合比法。

（2）实施此法的步骤

第一步，选定服务贸易各分类经营企业样本。

第二步，测算样本的数字技术融合比，这里

$$\text{样本数字技术融合比}=\frac{\text{样本企业数字技术已融合服务贸易额}}{\text{样本企业数字技术可融合服务贸易额}} \quad (\text{式 } 0.1)。$$

第三步，测算各分类数字贸易额，这里

某类数字贸易额 = 该类服务贸易额 × 该类样本数字技术融合比 。

这个方法对出口和进口分别开展测算。对每一个贸易流向，均分服务类别各自测算，将各类数字的出 / 进口额加总，得到出 / 进口总额。

（本章撰稿人：贾怀勤）

第一章　中国贸易统计进入全新发展阶段

2022 年是中国政府统计机构建立 70 周年。贸易统计是中国政府统计的组成部分。70 年间，其发展变化既有与政府统计总体上一致的一面，也有其独特的演进过程。回顾和总结 70 年的历史，对在中国式现代化新征程中在整个政府统计体系中建设好贸易统计有着重要的意义。

一、中国综合统计暨贸易统计的四个发展阶段

中国政府统计机构——国家统计局成立于 1952 年 8 月。1953 年是第一个经济和社会发展五年计划的开局之年，又是政府统计工作的开局之年。就在国家统计局成立的同一时间，中央人民政府贸易部拆分为对外贸易部和商业部，对外贸易部设立统计机构。1953 年也是贸易统计的开局之年。至今中国政府统计暨贸易统计走过了 70 年的历程。

表 1–1　中国政府统计和贸易统计的分期对照

时间	综合统计	贸易统计
1952 年—1979 年	基于 MPS 的经济社会统计	单纯的货物贸易统计，海关统计与进出口业务统计一度并存
1980 年—1992 年	经济社会统计由 MPS 向 SNA 过渡	初步确认海关统计的官方地位；建立多项对外经贸统计
1993 年—2012 年	全面基于 SNA 的经济社会统计	确立海关统计的官方地位；多项对外经贸统计的修订和增设
2012 年以后	完善、创新，回应新时代统计需求	探索数字贸易统计；多项对外经贸统计的持续完善

资料来源：贾怀勤根据多个历史文献综合整理。

注：MPS 的中文全称为“物质产品平衡体系”。SNA 的中文全称为“国民核算体系”。

（一）中国综合统计发展的 4 个阶段

中国的政府统计发展历程可以分为1952—1979年、1980—1992年、1993—2012年和2012年以后四个发展阶段。1953年，中国开始实行第一个五年计划，配合经济和社会发展，建立起政府统计。此阶段采用的是MPS。1978年开始的改革开放，启动了中国由计划经济逐渐向社会主义市场经济过渡的进程，为经济和社会发展服务的政府统计也于1980年代开始了MPS向SNA的过渡阶段。到1993年，结束了两种核算并行的过渡阶段，全面进入了基于SNA的与国际主流统计核算统计体系接轨的第二阶段。党的十八大以后，中国政府统计进入了当前发展阶段。此期间，在坚持与国际统计规范接轨的同时，根据中国的国情和新时代经济社会发展新特点，不断推进观念创新、方法创新、手段创新、体制创新，努力建设高素质统计队伍，不断完善和创新具有中国特色和可以应对时代挑战的政府统计。

（二）贸易统计的特质

如表1–1所示，中国的贸易统计在政府综合统计发展的大背景下，同样经历了4个发展阶段，但是它具有与其他统计项目不同的特质。

第一，1953年开始设立的货物贸易统计不能简单地视为“部门统计”，而是两部门的平行统计，这种状态持续多年。中国政府统计体制是集中和分散相结合，对国民经济和社会发展基本数据的统计调查集中于国家统计局，具体各行业、各领域数据的统计调查则分别由各个政府部门（也包括一些被授权的行业总会）的统计机构承担，是所谓部门统计。这里的“部门”，指经济社会统计体系中的各个特定领域或者说子体系。因为一般情况下一个特定领域的统计由中央人民政府的一个部级机关负责，往往把部门统计的“部门”理解为国务院下设部（以及机构改革后某些行业总会或央企），但是贸易统计子体系并不能简单地与一个机关相对应。

第二，贸易统计，经历了一个由单一的对外（货物）贸易统计向多种对外经济交往方式统计扩展的过程，跨越中国政府统计的 70 年。

多种对外经济交往方式统计，包括货物贸易统计、服务贸易统计、外商在华投资统计和海外投资统计，还有近几年出现的跨境电商统计和正在研究设计中的数字贸易统计。负责这些统计工作的机关并非国家对外经贸主管机关[①]一家，即货物贸易之外统计工作属于对外经贸主管机关，货物贸易统计工作属于中国海关。

二、计划经济时期的贸易统计（1952 年—1979 年）

这个时期的对外经济交往局限于货物贸易，当时的“对外贸易”指的就是货物贸易。但是这个单一领域，在相当长的时间内，却是“一贸两统”的局面——中国货物贸易领域同时存在着海关统计和进出口业务统计。

1952 年，中国政府统计建立，进出口业务统计也建立起来。“业务统计”指围绕各国营进出口总公司及其分公司的外贸业务开展的统计。

当时中国的对外贸易按贸易伙伴分为两个部分，一个是与苏联等社会主义国家的协定贸易，另一个是与资本主义国家（含西方发达国家和发展中国家）的现汇贸易。

此协定贸易，是一种国家间全局性换货贸易。两个社会主义国家签订贸易协定（一般为期 5 年，与国民经济五年计划相衔接），规定双方的进出口货物种类和大致数量。每年再签订一个贸易议定书，规定具体的进出口货物品名和数量。使用卢布进行账面结算，并不真实地动用外汇卢布。贸易差额留待下一年通过进出口进行动态平衡。具体执行贸易议定书的是外贸部直属的按经营货物品种设立的各个进出口总公司。总公司对每一笔进出口业务都进行统计，定期上报给外贸部，部里监督和核查对外贸易计划和换货议定书的

---

① 中国政府的对外经济贸易主管机关在不同时间有不同名称，1953—1982 年是对外贸易部（简称外贸部），1982—1992 年是对外经济贸易部（简称经贸部），1993—2002 年是对外贸易经济合作部（简称外经贸部），2003 年以后是商务部。本书叙事按当时的名称。

执行情况。为了在社会主义国家之间签订换货议定书和相互核对其执行情况，各国的对外贸易商品分类及具体品名都是一致的。

与资本主义国家进出口商开展贸易，是按照国际市场通行的规则和程序，通过现汇进行结算。如果中方参与贸易的是国营进出口公司，其业绩也纳入进出口业务统计。如果中方参与贸易的是私营进出口商，其业绩不在进出口业务统计之内。

中央人民政府成立后，建立了人民海关，设立海关总署统一执行海关各项职能，管理各地海关。海关的职能之一就是对实际进出关境的货物进行记录，汇总成全国的货物贸易统计数据。因为这套数据出自海关总署，统称海关统计。海关统计作为实际进出关境的货物贸易统计，既包括协定贸易，也包括各种经营主体的现汇贸易。1953 年，海关总署由政务院直属机构划归外贸部，而后又与部里有关机关合并为海关管理局，但是其包括货物贸易统计在内的所有职能都没有受影响。这段时间内，海关统计较之于外贸业务统计，涵盖范畴更具全面性。

后随着社会主义革命的深入，私营工商业从事进出口贸易的主体越来越少，国营进出口公司的进出口额在全国进出口总额中所占比例越来越大，逼近 100%，进出口业务统计就成为与海关统计平行的全国性、全行业统计。1968 年，海关统计因为“与进出口业务统计功能和任务重复”被取消。

三、改革开放初期的贸易统计（1980 年—1992 年）

（一）恢复海关统计并确立其官方统计地位

1980 年是货物贸易统计体制的一个转折点。是年，海关总署恢复建制并恢复统计职能，1981 年恢复发布海关统计数据。因为中国对外开放的需要，海关统计采用的制度和方法与国际规范接轨，从表面上看，似乎又回到了 1968 年之前“一贸两统”的局面，实际是开启了以海关统计取代进出口业务统计作为中国正式官方数据的进程。

（二）建立多项对外经贸统计

改革开放之后，国家提出利用好国内、国外两种资源和两个市场，对外经济交往方式从单纯的货物进出口发展到利用外资、生产要素走向海外和大力推动服务贸易发展。与此相适应的是新建立起多项对外经贸统计。

20 世纪 50—70 年代也有相应的报表统计，如进出口商品检验统计、外汇统计、对外保险统计和国际运输统计等，但是这些都是对进出口业务的辅助业务开展统计，不是平行于货物贸易的其他对外经济交往方式的统计。

随着改革开放，中国在货物贸易之外又拓展了其他对外经济交往方式，更因为与有关国际组织交往的需要，陆续建立了一系列新的对外经贸统计项目。

1981 年建立国际收支统计制度，由中国人民银行及后来成立的国家外汇管理局负责。

1982 年建立国际旅游统计，由国家旅游局（现文化和旅游部）负责。

1982 年建立对外工程承包和劳务合作统计，由对外经济贸易部负责。

1983 年建立利用外资统计，由对外经济贸易部负责。

四、全面融入全球经济体系时期的贸易统计（1993 年—2012 年）

此期间为海关统计取代进出口业务统计画了句号，也针对 20 世纪 80 年代建立的其他各项贸易统计制度进行了修订和完善。

（一）海关统计最终取得货物贸易官方统计地位

1993 年，中方开始筹划在中美商贸联委会统计小组平台上与美国商务部开展双边贸易数据比对，决定：（1）以具有国际可比性的海关数据作为中方参与比对的数据；（2）海关加强对输港货物的终达国的监管和统计，使得原来被统计为出口香港的货物，通过各种信息辨识出其中最终输往美国的货物。1998年11月20日，外经贸部、国家计委和海关总署联合发文，明确海关统计的官方统计地位，进出口业务统计至此退出历史舞台。

海关统计取代进出口业务统计的进程始于1981年海关统计的恢复。1981年起，中国向国际货币基金组织提供海关编制的数据。1984年起，以海关统计作为官方统计向联合国提供统计数据。1986年7月，国务院召开申请恢复关贸总协定缔约方地位的协调会议上，明确涉外以海关统计为准。尽管如此，经贸部和学界人士在考察和研究中国对外贸易规模时，仍习惯使用进出口业务统计数据。直到1993年才使这个局面有了实质性改变。

（二）其他各项贸易统计制度的制定、修订和完善

2002年建立对外投资统计制度，开始时只涵盖非金融类投资，2006年该制度修改完善，将金融类投资纳入统计。

2003年建立外商投资统计制度，废止原有的利用外资统计制度。

2006年建立服务贸易统计制度。

以上三项统计制度一直在不定期地修订、完善。

五、新时代的贸易统计（2013年起）

2012年10月党的十八大召开，标志着中国特色社会主义进入新时代，而数字技术与经济及贸易相融合，把人类社会带入了数字时代。2010年，韦伯（Weber）提出数字贸易的概念。2013年美国国际贸易委员会发表的第一份份关于数字贸易的研究报告，提出数字贸易的定义。次年该委员会又提出第二份报告，将数字贸易定义由窄概念扩展为宽概念。从广义定义看，数字贸易包括数字技术的贸易化和数字赋能的服务贸易，也包括货物的跨境电子商务（跨境电商）。中国的数字贸易在此期间有快速发展，特别是货物跨境电商更是领先全球。贸易统计围绕数字贸易统计开始了它的探索和创新进程。与此

同时，海关统计、服务贸易统计、外商投资统计、对外投资统计和国际收支统计等也继续得到修订和完善。

海关贯彻落实党的十八大提出的重要战略决策，积极思考和探索创新海关统计工作的新思路和新方法。2013 年，海关总署提出把“研究构建新型海关统计体系”作为当年和此后一个时期全国海关统计工作的中心任务。新型海关工作体系是统计理论、统计模式、运行机制、指标体系、统计产品开发和服务方式等方面的创新。在现有报关单数据基础上，新型海关贸易统计指标体系增加了与进出口货物统计有关的其他海关内外部数据，第一次提出引入外部数据源的设想，这为此后的跨境电商统计工作指明了方向。

（一）中国数字贸易统计测度开始了独立探索

1. 海关的跨境电商统计：由特殊监管平台统计到全业态统计

2013 年开展跨境电商试点以来，海关统计部门首先依托跨境电商管理平台探索跨境电商统计体系。

海关跨境电商管理平台统计对跨境电商统计，不包括游离于海关跨境电商管理平台之外的各类交易，并未全面覆盖跨境电商整个业态。

为提高海关统计数据的完整性，满足政府部门和社会各界的需要，2017 年开始，海关总署统计分析司与国家统计局、商务部、国家外汇管理局等陆续开展联合调研，交换数据和信息，研究跨境电商的发展情况。目前已将邮快件、边民互市等数据纳入海关统计，为实现跨境电商海关统计全覆盖，开展跨境电商全业态统计奠定了一定的理论和实践基础。

2019 年，海关总署在总结跨境电商管理平台统计经验和跨境电商全业态统计试点经验的基础上，制订了完善跨境电商统计体系的工作方案。该方案设计如下：以电商平台为主要调查对象，结合海关行政记录和大数据分析手段，整体测算中国跨境电商规模，并进行部分维度的结构化测算，以期多维度全面反映中国跨境电商业态发展状况。

在物流通关渠道上，跨境电商全业态统计覆盖了通过海关跨境电商管理平台、邮快件渠道以及通过一般贸易、加工贸易等方式办结海关手续后在网上销售的进出口货物。在业态模式上，跨境电商全业态统计覆盖了 C2C、B2C、B2B2C 等指向消费者的零售模式，以及跨境环节不直接指向消费者的 B2B 非零售模式（以下简称 2C 和 2B 模式）。

在统计方法上，跨境电商全业态统计使用多来源数据，以平台为主线采集基础统计资料，充分运用大数据和互联网技术，参照国际贸易统计规则，并采取行政记录、统计调查和模型测算相结合的方法，确保了跨境电商统计工作的科学性、可行性、权威性以及宏观延续性。

2. 服务领域的数字贸易测度

由于服务领域的数字贸易涵盖面的复杂性和服务产品类别所属行业的多部门性，至今主管部门尚未建立起数字贸易统计制度，目前能够看到的是"可数字交付服务"统计数据，中国口径与联合国贸易与发展会议的官方数据一致。相较于 2020 年 3 月世贸组织、经合组织和国际货币基金组织发布的《数字贸易测度手册》所推荐的测度三大指标——数字交付贸易、数字订购贸易和数字中介平台服务——中国官方统计需要给予重视，以尽可能快地做出回应。

与前数字时代社会各方面只是官方统计产品的使用者不同，进入数字时代以来，社会智库先于官方对数字经济及贸易的规模开展了测度，有不止一家智库发布了中国数字经济规模测度结果，也有不止一家智库发布了中国数字贸易规模测度结果。或许各方面对这些智库的成果有不同的评价，但它们的确对官方数字经济统计和数字贸易统计起到了推动和可借鉴作用。

（二）为什么说中国贸易统计进入了全新阶段

回过头来再看表 1–1，该表把 70 年间中国贸易统计发展划分为 4 个阶段，但是第 4 阶段显然有着与前 3 阶段不同的特征。在前 3 阶段中，无论是全面学习苏联政府统计经验，还是由进出口业务统计全面转向海关统计，都是按着国外的统计规范建设和施行中国的统计制度；只有最后一个阶段，由于国际社会没有提供一套现成的、必须遵照实行的数字贸易统计规范，才使得中国有了自己探索数字贸易统计测度理论和方法的空间。而实际上中国海关所探索出来的跨境电商统计方法也得到了国际组织的认可，中国海关的统计官员以完全平等的地位参与了有关国际统计规范的制订和修订。须知，当年中国政府没有参与到《国际货物贸易统计：概念与定义》和《国际服务贸易统计手册》的制订和修订中，完全是一个履行成员经济体义务、执行其规定、向国际组织提交统计数据的角色。

总之，这个全新阶段的起点，既与中国特色社会主义新时代开始时间相重合，也与世界进入数字经济新时代相一致。中国的贸易统计学界——包括学者、智库和政府统计部门——面临着世贸组织所说的“新挑战”，也完全可以对国际贸易统计的理论和实务有所贡献。

六、关于中国要抓住数字贸易测度研究机遇的建议

（一）一体两翼

贾怀勤使用“一体两翼”的说法刻画数字贸易测度与数字贸易业务的关系。数字贸易的“一体两翼”指数字贸易以业务推进为主体，以规则制度和规模测度为支撑。业务推进包括数字技术的开发、数字技术的应用、企业的数字化转型和政府对于数字贸易的政策扶植。数字贸易规则规范数字贸易业务，支撑其国际竞争，各经济体之间的自由贸易谈判基本上就是数字贸易规则的谈判。各方都想达成有利于发挥己方数字经济优势的规则，最终通过博弈取得妥协。数字贸易规模刻画各经济体数字贸易发展状况及其在国际市场上的地位，贸易数据是各国制订政策和开展对外谈判的重要参考。因此需要对数字贸易规模进行科学的测度，以获取全面、准确的贸易数据。“一体两

翼”形象地表述了数字贸易测度在整个数字贸易工作中的功能和作用。中国应该也能够在业务推进、规则制度和统计测度三个方面取得建树，将它们贡献给国际社会。

（二）中国机遇

提供全球货物贸易统计规范的《国际货物贸易统计：概念与定义》于1971年发布。当时由于被阻挡在联合国之外，中国没有机会参与这一文件的编纂。中国启动改革开放后，逐步采用该统计规范建设自己的货物贸易统计制度。提供全球服务贸易统计规范的《国际服务贸易统计手册》由世贸组织和经合组织等6个国际组织于2002年发布，该文件撰写组的专家来自发达国家，仅在1999年在中国天津召开过一次面向亚太区世贸组织成员的意见征求会。可以说中国对这份文件的影响微不足道。总之，就货物贸易统计和服务贸易统计而言，都是由国际组织制订统计规范在先，中国则遵循国际规范制订本国统计制度。

2020年发布的《数字贸易测度手册（第一版）》（以下简称手册1.0），与前两份文件出台的情景不同。中国在数字贸易测度上与国际社会几乎是同步的，且在某方面占有相对优势。从手册1.0文字看，一方面，它只是推荐一些成员经济体数字贸易测度的实践做法，并没有制订出统计规范，国际组织欢迎各成员经济体与国际社会分享自己的经验；另一方面，在中国占据业务优势的货物—跨境电商方面，中国海关已经进行了卓有成效的探索，手册1.0主编致辞中也对此给予赞许。中国应抓住机遇，在数字服务贸易测度方面，开发适合自己国情的测度方法，为数字贸易测度作出自己的贡献。

表1–2展示国际组织关于服务贸易统计和数字贸易测度的引领和中国相应的推进历程，以此来诠释上文所指的中国机遇。

表 1–2　服务贸易统计和数字贸易测度

国际组织两方面的引领和中国跟进历程中若干重要节点之事件

数字贸易测度		时间轴	服务贸易统计
中国	国际社会		国际社会
		20 世纪 60 年代	发达国家第三产业比重超过第二产业
		20 世纪 70 年代	开始出现服务贸易的提法
		1982 年	关税贸易总协定部长级会议首次提出服务贸易谈判
		1993 年	在新版国际收支统计表中服务与货物开始并列，标志在统计上服务贸易取得与货贸并列的地位
		1995 年	《服务贸易总协定》生效，它首次提出服务贸易的四种提供方式的概念
			世贸组织成立，与其他国际组织一道探索建立国际服务贸易统计制度
	“数字经济”一词由美国学者唐·泰普斯科特（Don Tapscott）提出	1996 年	世贸组织、联合国统计司等六个国际组织成立编写国际服务贸易统计制度的“机构间工作组”
		1997 年	
		1999 年	国际组织在中国召开《国际服贸统计手册》草稿的亚洲片征求意见会
		2002 年	《国际服贸统计手册》颁行
		2003 年	
商务部颁行《国际服务贸易统计制度》		2006 年	

续表

数字贸易测度		时间轴	服务贸易统计
中国	国际社会		国际社会
		2010 年	《国际服贸统计手册 2010》颁行
	美国国际贸易委员会提出数字贸易概念	2013 年	
贾怀勤建议开展数字贸易试测度；商务部服贸司开展了首次数字贸易数据试采集工作	世贸组织和经合组织发表《数字贸易测度：走向概念性架构》	2017 年	
		2019 年	世贸组织编纂发布《分供式与行业的全球服务贸易数据集》（TISMOS）
10月，国家工信安全信息研究中心发布《2020 中国数字贸易测度报告》，第一次公布了中国数字贸易试测度的结果	3 月，经合组织、世贸组织和国际货币基金组织发布《数字贸易测度手册（第一版）》	2020 年	
	8 月，经合组织、世贸组织、国际货币基金组织和贸发会议等发布《数字贸易测度手册（第二版）》	2023 年	

资料来源：贾怀勤根据相关资料整理。

（本章撰稿人：贾怀勤）

第二章　国际社会关于数字贸易的宽概念及其测度

第一章所说“国际社会没有提供一套现成的、必须遵照实行的数字贸易统计规范”，指的是国际组织没有像《国际货物贸易统计：概念与定义》和《国际服务贸易统计手册》那样提出成员经济体必须遵从的国际统计规范，但是国际组织发布的《数字贸易测度手册》毕竟提出了其为数字贸易所下的定义，且列出了一些成员经济体采集数字贸易数据的经验做法。此外，其他一些国际组织和外国政府统计部门也有一些文献和数据资料可供借鉴。

从20世纪90年代始，人类社会悄然进入了信息时代。尽管美国克林顿政府发起的“信息高速公路”计划遭受挫折，但各国信息基础建设和应用开发的步伐一致没有停下来。2008年国际金融危机爆发后，经济数字化更是成为支撑经济全球化发展的首要驱动力。数字贸易作为数字经济的跨境运营业态，进入21世纪第二个十年后有了快速发展。2017年11月11日发表的《亚太经合组织第二十五次领导人非正式会议宣言》的第二部分“打造区域经济一体化的新动力”中明确提出：“我们致力于共同挖掘互联网和数字经济潜力”，“将考虑采取电子商务、数字贸易等促进互联网和数字经济的行动。”这是多边首脑会议第一次将数字贸易写入会议成果文件。

在这样的背景下，世贸组织在《世界贸易统计评论·2017》一书中指出国际贸易圈面临“数字贸易测度新挑战”。这个新挑战在于：如何测度数字贸易的总量规模和特征。国外和国内的各类官方和非官方机构、相关学者以各自的认真研究力图回答这个挑战。

截止到2018年初，国内外对数字贸易（在与其他术语连用时可以简称为数字贸易）概念尚未形成共识，围绕其涵盖范畴，大致可以分为宽窄两种主张。简而言之，数字贸易的宽概念涵盖在线订货、线下提交的实体货品和服务，如B2B的在线订货的跨境货物贸易和在线签约的出境游；数字贸易的窄概念则排除线下提交的实体货品和服务，尽管它们是在线订货。

本章对数字贸易的宽概念及其测度进行阐述。

一、美国国际贸易委员会关于数字贸易的三份报告

尽管“数字贸易”这个概念是2010年由韦伯最先提出的，但是国际上影响最大的是美国国际贸易委员会（USITC）先后提出的三个“数字贸易”的定义。

美国国际贸易委员会于2013年6月和2014年8月先后发布研究报告《美国和全球经济中的数字贸易》第一部分和第二部分；3年后，它又推出一份报告题为《全球数字贸易1：市场机会与对外贸易限制》。本书将这三份报告分别称为2013版报告、2014版报告和2017版报告。

（一）美国国际贸易委员会三份报告的主要内容

2013版报告第一章为引言，此后五章的题目分别是“美国经济中的数字贸易：数字可提交内容、社交媒体、搜索引擎和其他数字产品与服务”“美国经济中的数字贸易：广义经济中的数字技术使用”“数字贸易相关产业中的国际贸易和投资”“对数字贸易的显著壁垒和障碍”“估算数字贸易对美国经济贡献的可用方法”。2014版报告第一章也是引言，此后六章的题目分别是“数字贸易与美国商务：国内运营和国际贸易”“数字贸易对美国经济的广义联系和贡献”“国际数字贸易壁垒及其经济影响”“案例研究：数字贸易如何为企

业和消费者创造新机会”“案例研究：大数据的兴起”“案例研究：互联网如何为国际贸易提供便利”。第一部分旨在回答概念性问题和方法性问题；第二部分侧重实证研究，对不同问题分别使用统计方法和案例分析法。

值得注意的是，美国国际贸易委员会也承认当前对数字贸易并不存在一个标准的或者各方面统一认识的定义。事实上它的两份报告就提出了两个宽窄不同的定义。2013 版报告给“数字贸易”下的定义是：“数字贸易指通过互联网提交产品和服务的美国国内商务和国际贸易”。2014 版报告将“数字贸易”定义为“在订货、生产或提交产品和服务环节互联网和基于互联网的技术起到显著作用的美国的国内商务和国际贸易”。2013 版报告对“数字贸易”做出基本分类（见表 2–1）。

表 2–1 美国数字贸易分类

数字内容	社会媒介	搜索引擎	其他产品和服务
数字音乐	社交网站	通用搜索引擎	软件服务
数字游戏	用户评论网站	专业搜索引擎	云计算提供的数据服务
数字视频			互联网提供的通讯服务
数字书籍			云计算的计算平台服务

资料来源：美国国际贸易委员会《美国和全球经济中的数字贸易》（第一部分），2013 年 6 月。

美国国际贸易委员会认识到，对数字贸易之于经济贡献的描述和测度存在着以下几方面的挑战：数字贸易不存在标准定义；互联网技术的广泛使用导致不易对数字贸易与各种经济活动加以区分；现行统计不能提供对数字贸易的良好测度；许多网上服务是免费的，对其服务价值只能大概估算。尽管如此，该委员会还是在数字贸易之于经济贡献的描述和测度方面进行了深入的方法研究和实证研究，尽其所能满足官方（主要是美国参议院）和公众这方面的需求。

2017 版报告第一章仍是导言。第二至七章就数字贸易的各方面业务分别阐述，依次是“互联网基础设施和网络通信服务”“云计算服务：数据加工、存储、分析和软件应用”“数字内容、搜索和新闻”“电子商务、支付和记录”“产业应用和数字技术”“消费者通信和连通设施”。第八章是“影响数字贸易的管理和政策措施”。

（二）美国国际贸易委员会三份报告关于数字贸易定义的变化

2013 版报告第一次提出了“数字贸易”的定义，称“数字贸易指通过互联网提交产品和服务的美国国内商务和国际贸易”。它规定必须通过数字方式交付，具体包括数字交付内容、社交媒体、搜索引擎和其他数字产品和服务（主要是软件服务、数据的云服务与加工存储服务、通讯服务，云交付的计算平台服务）。2013 版报告强调必须具备网上提交这一要件，从而排除了实体货品。此为数字贸易的本初定义。2014 版报告将数字贸易定义为“在订货、生产或交付产品和服务环节互联网和基于互联网的技术起到显著作用的美国国内商务和国际贸易”。这一定义对“订货”“生产”和“交付”使用“或”连接，这就意味着只要具备网上订货这一要件，就属于数字贸易范畴。相比 2013 版报告确立的本初定义，这是一条扩延的数字贸易定义。2017 版报告将数字贸易定义为“任何产业内公司通过互联网提交的产品和服务”，这就又回到只限数字交付。虽然它包括电子商务的服务，但排除了在线订购的实体物品和具有数字对应形态的实体物品的价值。这意味 2017 版报告的定义较扩延的数字贸易定义大为收窄，仅比本初定义略宽一点。

这三份报告从交易方式方面给数字贸易下了不同定义。2013 版报告规定必须通过数字方式交付，具体包括数字交付内容、社交媒体、搜索引擎和其他数字产品和服务（主要是软件服务、数据的云服务与加工存储服务、通讯服务，云交付的计算平台服务）；2014 版报告所作定义使用了数字技术在交易中“起主要作用”的提法，将数字订购线下交付也包括在内；2017 版报告又回到只限数字交付，虽然它包括电子商务的服务，但排除了在线订购的实体物品和具有数字对应形态的实体物品的价值。三次所下定义经历了窄—宽—窄的变化。

如何看待美国国际贸易委员会关于数字贸易涵盖范畴的窄—宽—较窄变化？首先可以理解为随着时间的演进，其认识经历了反复。更重要的是，美国国际贸易委员会所要对待的问题不同。前面两份报告主要讲的是数字贸易在美国经济中的地位和作用，美国对全球数字贸易的参与，当然也有一定的篇幅讲到国际市场竞争，比如2013版报告第五章专题讲述“值得注意的壁垒和对数字贸易的障碍”，2014版报告第四章专题讲述核心数字贸易、数字赋能贸易和数字订购贸易，“国际数字贸易壁垒及其经济影响”，但都是一般论述，不是针对具体国家的指责。2017版报告全面地描述了美国在数字贸易全球市场上各个子领域面临的竞争态势，并列举了其认为应该重点关注的竞争对手的种种作为，为美国数字贸易的全球竞争提供了态势分析和应对建议。美国对数字内容和数字服务的跨境流动重视程度远甚于跨境电商货物交易，其竞争优势和重点在于前者而非后者。因此，美国采纳了数字贸易的窄概念，即排除了跨境电商货物交易本身价值。

表2–2　美国国际贸易委员会关于数字贸易定义的演变

版本	数字技术在交易场景中的角色	所涵盖服务贸易类别	是否涵盖线下交付的实体货物
2013版报告	必须是数字交付	数字交付内容； 社交媒体； 搜索引擎； 其他数字产品和服务①	否
2014版报告	数字技术在交易中起主要作用	在2013版报告基础上涵盖了数字技术起交付和订购作用的交易	没有排除数字订购的实体货物
2017版报告	基本精神重回到2013版报告规定	在2013版报告所列之外加上在线订购和在线支付等交易环节的服务	不包括在线订购的实体物品和具有数字对应形态的实体物品的价值

资料来源：贾怀勤根据美国国际贸易委员会3份报告的相关内容整理。

① 主要是软件服务、数据的云服务与加工存储服务、通讯服务，云交付的计算平台服务。

来有为和宋芳秀（2018）注意到了从2013版报告到2014版报告的变化。贾怀勤（2019）则在2017版报告发布后归纳了美国国际贸易委员会定义的窄—宽—窄的变化，并论述了这一变化背后的考虑。[①]

二、经合组织关于数字贸易的概念性架构

2016年5月英国政府发布了一份关于数字经济的报告。该报告提出的问题是：新技术使得电子商务或更一般的数字贸易影响到生产、国内贸易和国际贸易。对国际统计社会的挑战是找到刻画这些在国际贸易统计乃至宏观及总和中交易的方法。例如，对数字产品而言，货品和服务的边界何在？关税及贸易总协定（GATT）和服务贸易总协定（GATS）是否适用？怎样划分其统计类别？互联网接入技术给国际贸易测度带来了一个新增加的复杂夹层。当测度数字贸易时，对其分类有助于决定对此类活动的统计测度如何开发。

2017年3月，经合组织的一个统计工作课题组提交了一份阶段性研究成果《测度数字贸易：走向概念性架构》。该成果并没有给数字贸易下定义，只是认为要实现对数字贸易的测度，需要先开发出一个关于数字贸易的概念性架构。为此，该报告提出了一个初步的架构。

（一）经合组织的数字贸易概念性架构

该研究创设了一个包括特质、产品和交易方的三维架构，特质指交易过程中是否为数字订货，是否通过第三方平台，是否数字交付；产品划分为货品、服务和信息三类；交易方分为企业、消费者和政府三方。这三维分别回答如何交易、交易什么和谁来交易三个问题。电子商务三维空间中的某些立体模块被视为数字贸易，另一些则不被视为数字贸易。

如图2–1所示，框架的第一维是交易标的划分，即课题组所说的产品类

---

① 贾怀勤.数字贸易的概念、营商环境评估与规则.国际贸易，2019（09）。

别，将交易标的分为货品（G）、服务（S）和信息（I）。第二维是交易方式，课题组称为特质（Nature），分为是否数字订货（Digitally Ordered），是否通过第三方平台（Platform Enabled）和是否数字交付（Digitally Delivered），这三者是“或”的关系。第三维是卖方和买方的身份关系，即 B2B、B2C 和 C2C 等。

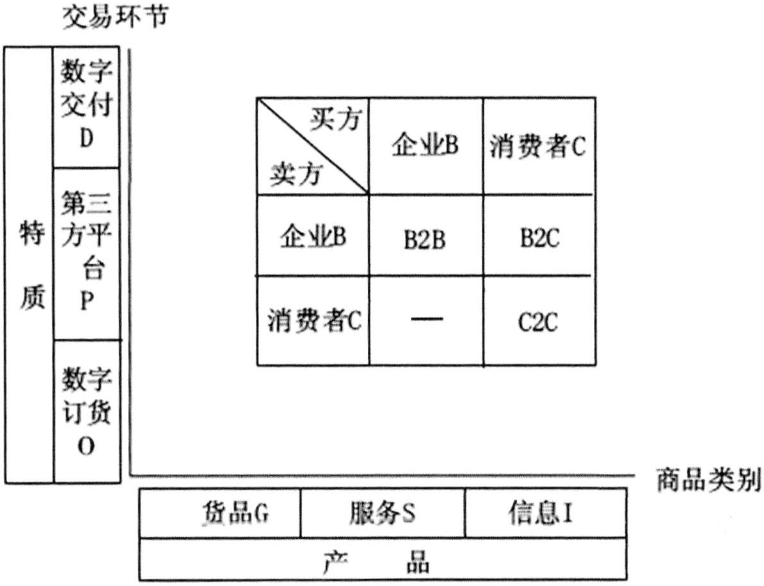

图 2–1　经合组织数字贸易架构的三维

资料来源：贾怀勤根据《测度数字贸易：走向概念性架构》绘制。

该课题组还提供了 16 个示例，列在表 2–3 中，可以按着三维分类为其定性。首先，按数字贸易的宽概念考察，全部的订购都是线上实现或通过第三方平台，因此都属于数字贸易范畴。然后审视其交易标的和交付方式，可以归纳为三种情况：例一至例五，交易标的是实体货物，不能在线交付；例六至例九和例十六，交易标的是服务，虽然是平台或在线订购，但却是实态提交；只有例十至例十五，是通过在线交付的服务（或信息）。

表 2–3　经合组织数字贸易架构中交易按三维示例

序号	特质	产品	交易者	示例
例一	O	G	B2B	A 国企业通过网店或 EDI 线上购买 B 国供应商的货品，例如产品组件
例二	O	G	B2C	A 国消费者通过网店或 EDI 线上购买 B 国供应商的货品用于最终消费，例如衣服
例三	O&P	G	B2B	A 国企业通过设在 A 或 B 或其他国家的第三方平台（例如 eBay）购买 B 国供应商的货品，例如办公家具
例四	O&P	G	B2C	A 国消费者通过设在 A 或 B 或其他国家的第三方平台（例如亚马逊）购买 B 国供应商的货品作最终消费用，例如书籍
例五	O&P	G	C2C	A 国消费者通过设在 A 或 B 或其他国家的在线平台从 B 国消费者手里购买二手货
例六	O	S	B2B	A 国企业在线购买 B 国供应商的服务，实态提交，例如运输服务
例七	O	S	B2C	A 国消费者在线购买 B 国供应商的服务，实态提交，例如预定旅馆
例八	O&P	S	B2B	A 国企业通过设在 A 或 B 或其他国家的第三方平台（例如 eBay）购买 B 国供应商的服务，实态提交，例如标准化保养和维修服务
例九	O&P	S	B2C	A 国消费者提供第三方平台（优博）购买 B 国供应商的服务，实态提交，例如出游共享汽车
例十	O&D	I（S）	B2B	A 国企业在线购买 B 国供应商的服务，数字提交，例如标准化保养和维修服务
例十一	O&D	I（S）	B2C	A 国消费者（用户）在线购买 B 国供应商（数据公司）的服务，数字提交，例如用户在线付费、查询数据
例十二	O&P&D	I（S）	B2B	A 国企业通过设在 A 或 B 或其他国家的第三方平台购买 B 国供应商的服务，数字提交，例如公司 LOGO 设计
例十三	O&P&D	I（S）	B2C	A 国消费者通过设在 A 或 B 或其他国家的第三方平台购买 B 国供应商的服务，数字提交，例如音乐流

续表

序号	特质	产品	交易者	示例
例十四	D	I（S）	B2B	A 国企业线下订购 A 国供应商的服务，数字提交，例如特定咨询服务，BPO 服务
例十五	D	I（S）	B2C	A 国消费者线下订购 B 国供应商的服务，数字提交，例如在线讲课
例十六	O&P	S	C2C	A 国消费者提供设在 A 或 B 或其他国家的第三方平台（AirBnB）B 国消费者提供的服务，实态提交，例如共享食宿

注：O 表示在线订货，P 表示网络交易平台，D 表示在线提交，& 表示“并”；G 表示货品，S 表示服务，I 表示信息，I（S）表示将信息归于服务；B 表示企业，C 表示消费者。

资料来源：贾怀勤根据 OECD《测度数字贸易：走向概念性架构》制表。

该课题组的第二稿将信息和服务合并统称服务，手册 2.0 就基于这个架构。

（二）数字贸易与跨境电商的关系

如果我们聚焦于电子商务的跨境交易，即跨境电商（Cross-Border E-Commerce，CBEC），再明确数字贸易的地域指向仅限于跨境交易，跨境电商与数字贸易宽概念的涵盖面是一致的，电子商务的概念出现早于数字贸易。

研究电子商务概念（在与其他术语连用时可以简称为电商）可以参考两个国际组织文献。2011 年联合国经社理事会《全球化对国民核算的影响》第 13 章“电子商务”阐发了跨境电子商务统计概念，并提出了电子商务产品与电子商务服务的分类建议。基本内容是，将电子商务活动分为两大类：（1）线上提交订单，线上交付；（2）线上提交订单，线下交付。2010 年《国际服务贸易统计手册》第三章“M. 电子商务”一节指出：电子商务是通过互联网或其他中介网络等电子途径订购 / 或提供产品的一种方法。原则上讲，通过电子方式提供产品的属于服务类别，通过电子方式订购货物以及跨境供应货物，基本上属于货物类别（属于服务范畴的产品除外，例如，通过固定期限使用许可证而非改变经济所有权方式获取的软件产品)。

以上两个文件关于跨境电商的概念，在交易标的“服务 + 货物”上，与电子商务宽概念是一致的，这代表着国际社会的统一意见。它们明确指出了两点。首先是电子商务与传统商务的分野，通过线上订货的交易属于前者，否则属于后者；然后是明确指出电子商务的交易标的既可以是货物，也可以是服务。

跨境电商与数字贸易概念表述上的差别在于，前者指“通过互联网或其他中介网络等电子途径”开展贸易，后者指通过数字技术手段开展贸易。鉴于随着科技进步，“中介网络”这样的电子途径已经发展成为基于数字技术的交易平台，两者的差别趋于消失。

综上所述，跨境电商与数字贸易在涵盖范畴和交易途径上不存在实质性差别。

三、《数字贸易测度手册》的宽测度指标设计和方法推荐

数字贸易基本概念上的宽窄主张，反映在对数字贸易规模的测度上必然存在宽窄两种指标(体系)。贸发会议和美国商务部经济分析局，聚焦服务贸易的数字赋能，对数字赋能的服务贸易进行测度；经合组织和世贸组织从数字贸易宽概念出发，依据数字贸易三维架构，提出了对数字交付贸易、数字订购贸易和数字中介平台服务三组指标开展测度。

《数字贸易测度手册(第一版)》(简称手册 1.0)于 2020 年 3 月由经合组织、世贸组织和国际货币基金组织发布。全书正文分为 5 章，分别是序言、数字贸易测度的概念性架构、数字订购贸易、数字交付贸易和数字中介平台，正文之前有一组前言材料，正文之后编有附录和图表索引。

（一）手册 1.0 关于数字贸易的操作性定义和指标体系

1. 数字贸易及其 3 个分指标的操作性定义

经济条目的定义，有学理性和操作性之分。学理性定义是从学科理论出发，为一个概念作表述，阐明其内涵和外延。操作性定义是为实际操作下的定义，又分为业务导向的操作性定义和测度导向的操作性定义，顾名思义，前者是为开展业务对概念及其业务范畴进行表述，后者是为对该事物进行测度对概念及其测度口径进行表述。手册给数字贸易所下定义，显然是测度导向的操作性定义。诚如手册编纂者所写，他们下定义重在能够利用现有已测度到的数据，而非重起炉灶从头采集数据。于是就出现了如下信息链：

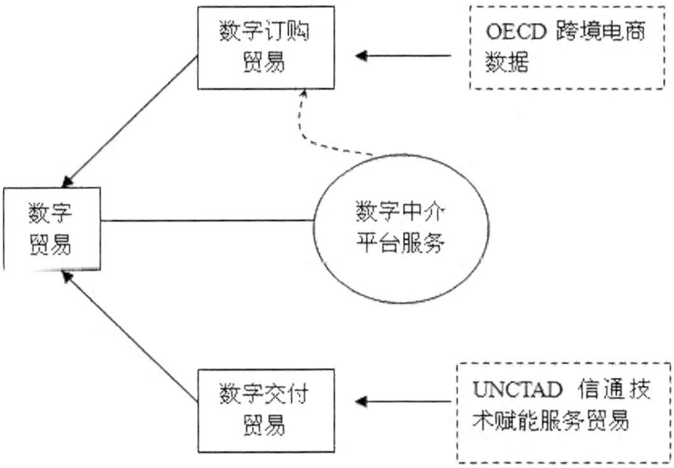

图 2–2　出于信息链考虑的数字贸易定义方法

资料来源：贾怀勤根据手册 1.0 精神绘制。

数字贸易定义这个信息链中，用“数字订购贸易”和“数字交付贸易”来定义数字贸易，而“数字订购贸易”和“数字交付贸易”的数据来源分别是现有的贸发会议信通技术赋能服务贸易数据和经合组织跨境电商数据。

手册 1.0 将数字贸易定义为“所有数字订购和 / 或数字交付的贸易”。其中：

数字订购贸易（digitally ordered trade）是“通过专门为接收或发送订单

设计的计算机网络实现的国际物品和服务贸易”；

数字交付贸易（digitally delivered trade）是“通过专门设计的计算机网络电子格式远程交付的国际交易”。

以上所谓通过专门设计的计算机网络，不包括电话、传真、手动录入邮件的订单。

订购与交付并非互斥。数字交付的服务可以是采用数字订购，也可以不采用数字订购。

业务上的数字订购包括：①数字订购信息通讯货物，②数字订购其他货物，③数字订购货品附带的服务，④数字订购其他服务。后两种中一些品类可以数字交付，在测度上作为“数字交付贸易”。后两种中的不能数字交付品类，与前两种共同组成测度上的数字订购贸易。

鉴于数字中介平台（Digital Intermediation Platforms，DIPs）是数字化转型的主要驱动者，特别是在共享经济中它对个人与个人之间交易的贡献，手册 1.0 要求测度数字中介平台的服务。它对数字中介平台的定义是：“使交易能够在多个买家和多个卖家实现，而所售货品或交付中服务的经济属权不为中介方占有的有偿在线中介服务。”平台中介服务的价值至少在理论上已经含在数字订购贸易里面，为了彰显平台的贡献，手册 1.0 要求单独测度其提供的赋能服务价值。

平台提供的服务有收费和不收费区别。手册将收费数字中介平台定义为“促成买卖双方交易的付费线上中介，平台不需要拥有交易货物或服务的所有权”；将免费数字中介平台定义为“收入来自向终端用户销售商品和服务的企业的广告和 / 或数据支出，而不向获取数字服务的终端用户收取明确费用的平台”。

为此特别强调两个概念：一是“有偿”的概念，因为平台往往还提供“无偿”（不收费）的服务，诸如搜索、广告和新闻等，这些不在测度之列。二是“不拥有交易货品或服务的所有权”的概念，以区别于电子零售商在卖方和买方之间，先取得交易货品或服务所有权再转让出去的经济行为。

手册 1.0 指出数字中介平台具有概念性挑战，非居民数字中介平台为两个居民之间交易提供方便，具有国际服务贸易价值；也认识到在实践上数字中介平台难以辨识，即便能辨识，也不是总能辨清提供中介服务者的居住状态。

数字中介平台服务，主要指有偿服务，也涉及“免费”使用的服务。“免费”服务的数据游离于现行经济统计核算体系之外，各国都在探索如何采集这方面数据。

2. 数字贸易概念性架构

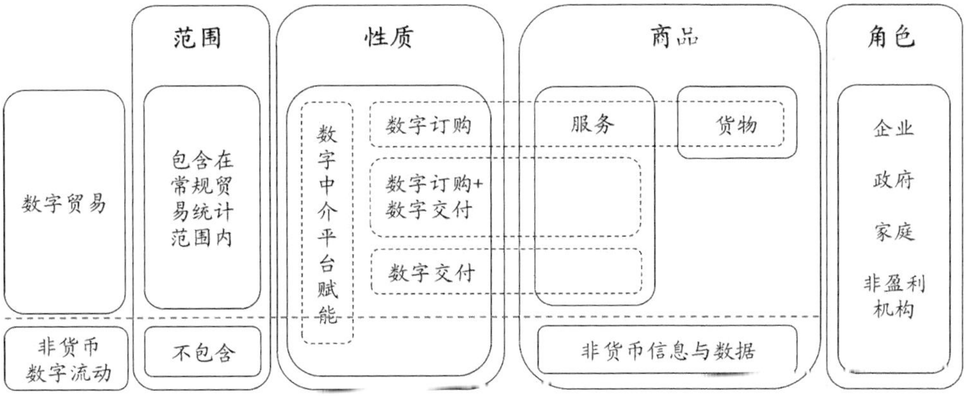

图 2–3　数字贸易概念性架构

资料来源：方元欣根据手册 1.0 原图绘制。

手册 1.0 对 2017 年经合组织的数字贸易概念性结构进行了改进，重新绘制出这一架构图。新架构附上了非货币数字流动，这部分流动不属于数字贸易，也不包含在常规贸易统计范围内，而数字贸易是包含在整个范围内的，只是尚待将其识别出来。新架构对商品只分为货物和服务，将信息包含在服务中。架构对数字赋能与两类商品的关系作了清晰的勾画：数字订购可以作用于两类商品，数字交付只能作用于服务，其中某些服务可以既受数字订购作用又受数字交付作用——这是在测度中需要进行辨识的，以免重复核算。

（二）手册 1.0 对三个分指标测度方法的推荐

国际组织对货物贸易统计和服务贸易统计都编有工作手册，提出规范性数据获取方法，但是对数字贸易测度只是给出了一些成员经济体的经验做法，供选择使用。这些做法主要有：针对企业的企业调查（ES）、国际服务贸易调查（ITSSS）、国际交易报告系统（ITRS）和增值税征管记录（ARVATC）；针对家庭的家庭调查（HS）、信用卡数据（CCD）和迷你一站式服务（MOSS）；针对政府交易的行政记录（AR）。此外，还有直接从数字平台中介收集数据（DCRDIP）。

表 2–4　数字贸易测度指标及相应的数据获取方法

<table>
<tr><td></td><td colspan="3">出口</td><td colspan="3">进口</td></tr>
<tr><td></td><td colspan="3">机构分类</td><td colspan="3">机构分类</td></tr>
<tr><td></td><td>企业</td><td>政府</td><td>家庭 /
非盈利机构</td><td>企业</td><td>政府</td><td>家庭 /
非盈利机构</td></tr>
<tr><td>i 数字订购</td><td></td><td></td><td></td><td></td><td></td><td></td></tr>
<tr><td>ii 商品</td><td>企业调查</td><td rowspan="2">行政记录</td><td rowspan="2">家庭调查；信用卡数据</td><td rowspan="2">企业调查；国际服务贸易调查</td><td rowspan="2">行政记录</td><td rowspan="2">家庭调查；信用卡数据</td></tr>
<tr><td>iii 服务，非数字交付</td><td>企业调查；国际服务贸易调查</td></tr>
<tr><td>iv 数字交付</td><td></td><td></td><td></td><td></td><td></td><td></td></tr>
<tr><td>v 数字订购</td><td rowspan="2">企业调查；国际服务贸易调查；国际交易报告系统</td><td rowspan="2">行政记录</td><td rowspan="2">家庭调查；信用卡数据</td><td rowspan="2">企业调查；国际服务贸易调查；国际交易报告系统；增值税征管记录</td><td rowspan="2">行政记录</td><td rowspan="2">家庭调查；信用卡数据；迷你一站式服务</td></tr>
<tr><td>vi 非数字订购</td></tr>
<tr><td>vii 数字贸易总计</td><td></td><td></td><td></td><td></td><td></td><td></td></tr>
<tr><td>viii 通过中介平台交易</td><td></td><td></td><td></td><td></td><td></td><td></td></tr>
</table>

续表

<table>
<tr><th></th><th colspan="3">出口</th><th colspan="3">进口</th></tr>
<tr><th></th><th colspan="3">机构分类</th><th colspan="3">机构分类</th></tr>
<tr><th></th><th>企业</th><th>政府</th><th>家庭 /
非盈利机构</th><th>企业</th><th>政府</th><th>家庭 /
非盈利机构</th></tr>
<tr><td>ix 数字交付</td><td></td><td></td><td></td><td></td><td></td><td></td></tr>
<tr><td>x . 货品</td><td rowspan="2">企业调查 +
平台记录</td><td></td><td rowspan="2">家庭调查；
信用卡数据
+
平台记录</td><td rowspan="2">企业调查；
国际服务贸易调查 +
平台记录</td><td></td><td rowspan="2">家庭调查；
信用卡数据+
平台记录</td></tr>
<tr><td>x i 服务</td><td></td><td></td></tr>
<tr><td>x ii 数字交付</td><td rowspan="2">企业调查；
国际服务贸易调查；
国际交易报告系统 +
平台记录</td><td></td><td rowspan="2">家庭调查；
信用卡数据
+
平台记录</td><td rowspan="2">企业调查；
国际服务贸易调查；
国际交易报告系统；
增值税征管记录 +
平台记录</td><td></td><td rowspan="2">家庭调查；
信用卡数据；
迷你一站式服务 +
平台记录</td></tr>
<tr><td>x iii 非数字交付</td><td></td><td></td></tr>
</table>

资料来源：岳云嵩译自手册 1.0 表 1 “数字贸易报告模板（简化）”。

手册 1.0 的第三至六章分别讲述数字订购贸易、数字交付贸易和数字中介平台服务测度方法。从文字的分量看，依次占三章文字总量的 32%、48% 和 20%，其论述重点不言而喻。

1. 数字订购贸易的测度方法

就数字订购贸易而言，笼统地讲，许多国家现在已有关于电子商务的调查，只需在调查中加入国外销售份额的问题即可。

数字订购贸易数据的主要采集方法是通过企业调查和住户调查。手册 1.0 讨论了欧盟、经合组织和加拿大的实践，它们在现有的电子商务调查中加入了关于与非居民交易的问题项，或者调查交易规模，或者调查交易比率；它们的住户调查也有类似的调查。但是在具体实施时还是很难把握所做交易是否属于国际贸易，因为被调查者不好判定中介服务商是居民平台还是非居民平台。以加拿大为例，中介商呈现出本国居民迹象——比如网址后缀标有

“.ca”、使用加元报价、使用英法双语等等，但是实际上可能并非加拿大居民。

手册 1.0 还推荐了通过信用卡和在线支付公司来调查，使用这些支付手段可用来区分是否为数字订购。但是通过这些手段采集数据也会遇到企业调查和住户调查同样的不好判定中介服务商居民身份的问题。

手册 1.0 专门对低于海关申报限额的货物（De minimus trade）电子商务的数据采集，介绍了美国、俄罗斯和世界海关组织在这方面的实践探索，由此引出了中国海关跨境电商的统计实践。手册 1.0 指出，中国海关与其他国家海关不同的是它具有货物贸易统计职能，开发了有效的方法采集高频、低值的跨境电商交易数据。

2. 数字交付贸易的测度方法

手册 1.0 体认到数字交付贸易接近于信通技术赋能服务贸易，具体体现在欧统“国际收支延伸体系”（EBOPS）2010 分类的下列服务类别中：

保险和养老金服务（EBOPS 6）

金融服务（EBOPS 7）

别处未包括的知识产权使用费（EBOPS 8）

电信、计算机和信息服务（EBOPS 9）

研发服务（EBOPS 10.1）

专业和管理咨询服务（EBOPS 10.2）

建筑、工程、科学和其他技术服务（EBOPS 10.3.1）

别处未包括的其他商业服务（EBOPS 10.3.5）

音像和相关服务（EBOPS 11.1）

健康服务（EBOPS 11.2.1）

教育服务（EBOPS 11.2.2）

休闲娱乐服务（EBOPS 11.2.3）

（1）国际服务贸易调查的途径

在现有的国际服务贸易（International Trade in Services，ITS）调查中加入一组问题——通过数字交付的出 / 进口占比，使之成为为数字交付贸易调查手段。

最重要的问题是实际数字交付服务与潜在数字交付服务的关系，对此手册 1.0 给出了两种观点。

一是贸发会议的观点，认为潜在数字交付服务可以作为实际数字交付的代理变量。贸发会议在 2017 年在哥斯达黎加和印度进行了试点调查。在哥斯达黎加的调查发现，潜在数字交付服务占其服务出口的 38%，而有 97% 的潜在数字交付服务是实际数字交付服务。在印度，这两个比率分别是 57% 和 81%。由此得出“大多数潜在数字交付服务都是实际数字交付服务”的结论。

二是欧盟，认为在商品细分基础上，可以由专家对实际数字交付服务占潜在数字交付服务的比率提出判断。

此外还有两点值得关注：

美国商务部经济分析局（Bureau of Economic Analysis，缩写为 BEA）和英国中央统计局的实践表明，通过调查以获取分《服务贸易总协定》定义的服务 4 种交付方式数据是困难的。

在理论上经过数字中介平台开展的住户间交易分散在“其他商务服务”“运输服务”“金融服务”等服务类别中，但是在实践上可能会有漏统。手册 1.0 建议在有关服务类别之下设立单独子类。

（2）国际交易申报系统、增值税和住户调查的途径

一些国家凭借国际收支申报系统（International Transaction Reporting System，ITRS）采集服务贸易数据，据此也可以估计数字交付服务。另外有一些国家开始探索采用增值税（VAT）数据估计外国交易者对其居民的数字交付服务。对此手册 1.0 分别介绍了巴西和阿根廷的做法。手册还介绍了一些欧盟国家如匈牙利和丹麦通过“迷你一站式服务”的增值税采集数字交付服务数据的做法。

住户的花费可能没有包含在国际贸易统计之内，需要经过专门调查对数字交付贸易做补充，对此手册 1.0 介绍了加拿大的做法。

（3）非银行实体的途径

近年来移动支付逐渐成为一种流行手段。通过对提供移动支付服务的非银行实体的调查也可以获取一些数字交付服务的数据。不过手册 1.0 认为这仅仅处于最初阶段。

3. 数字中介平台的测度方法

尽管数字中介平台也提供不收费的服务，但手册 1.0 第一版只关注收费的数字中介服务。

有两点需要注意：其一，数字中介平台服务测度是针对平台收取的净中介费，而在其他核算场合测度的是它提交的货物或服务全值。其二，即便交易发生在两个居民之间，只要是通过非居民平台开展，就有手册 1.0 主张测度的数字中介平台服务发生。

数字中介平台对货物交易的服务，应该归入“批零”；对服务交易应按服务自身类别归类。

数字贸易与传统贸易的显著区别在于数字中介平台的出现，这使得贸易由传统的进、出口两方关系变成了有平台介入的三方关系。根据手册 1.0 的内容，本书整理出一个表格，划分不同情况下报告国是否应将中介平台纳入测度的各种情景。

表 2–5　进出口贸易中数字平台的中介作用和对其服务的测度

1. 报告国货物出口		2. 报告国货物进口		3. 与报告国无关的货物交易		4. 报告国内部的货物买卖	
1.1 境内平台	1.2 境外平台	2.1 境内平台	2.2 境外平台	3.1 境内平台	3.2 境外平台	4.1 境内平台	4.2 境外平台
测度：出口贸易；中介服务出口	测度：出口贸易；	测度：进口贸易；	测度：进口贸易；中介服务进口	测度：中介服务出口	不测度	不测度	测度：中介服务进口

资料来源：贾怀勤根据手册 1.0 表 5.1 重新设计表式。

手册 1.0 虽然提出对上述各种情景中的平台贡献开展测度，但是也充分认识到测度的难度，编纂者承认在手册 1.0 发布时只有极少国家采集到这方面数据，介绍了荷兰使用大数据辨识数字中介平台的做法、西班牙和法国采集数字中介平台旅游服务数据的做法。

（三）国内对手册 1.0 的初步反响

2020 年 3 月，手册 1.0 发布，引起中国有关智库的迅即反响，比较系统的研究成果以方元欣论文（2020）[①] 和岳云嵩论文（2021）[②] 为代表。

1. 方元欣对标手册，分析中国数字贸易测度

方元欣在回顾数字贸易概念模型的演变趋势和诠释 OECD–WTO 数字贸易指标框架的构建基础上，借鉴贸发会议等国际组织的统计经验，对中国数字贸易发展现状和趋势进行探索性分析。

方元欣借鉴手册 1.0 所列的调查方法对中国数字订购贸易发展情况进行分析，首先，选取中国支付清算协会的“中国第三方支付机构跨境互联网支付额”指标，对中国跨境互联网交易情况进行初步评估；再选取中国海关总署发布的“中国跨境电子商务管理平台零售（B2C）进出口额”指标，对中国跨境零售贸易规模进行评估。

方元欣收集了中国 2008–2018 年商务统计年鉴的数据，利用 UNCTAD 的统计方法，测算出中国可数字化服务贸易额，并从三个角度切入分析：第一，将 2008 年至 2018 年的可数字化服务贸易规模与整体服务贸易规模进行横向比较；第二，将中国的可数字化服务进出口规模与其他经济体进行横向对比；第三，对各数字服务贸易类别进行横向比较。

关于中国数字中介平台的发展概况，由于数字中介平台交易的环节十分复杂，识别数字中介平台以及测量平台赋能贸易存在困难，方元欣试图通过

① 方元欣 . 对中国数字贸易发展情况的探索性分析：基于 OECD–WTO 概念框架与指标体系 [J]. 海关与经贸研究，2020(5): 95–109.

② 岳云嵩 . 国际数字贸易统计及其启示 [R]. 国际贸易统计研究传承与发展学术报告会，2021.

一些相关指标来侧面了解中国数字中介平台的发展情况，如通过分析国内头部互联网企业来了解大致情况，通过互联网广告支出进行衡量。

方元欣对中国发展数字贸易概念和指标体系提出如下建议。

（1）开发一套适用性强的数字贸易概念架构。建议数字贸易概念应与电子商务概念并行发展。鉴于前者更加侧重在线购买，但需要实物交付的货物和服务，建议数字贸易概念框架更加关注实现线上交付的数字产品和服务贸易。

（2）尽快开展尝试性测度工作。一方面持续跟踪国际上对数字贸易相关测度研究，并与开展相关工作的国际组织和研究机构保持密切沟通与合作，提高中国在全球数字贸易测度开发行动中的参与度与话语权。另一方面，拓宽中国统计工作的发展思路，通过改进现有统计工具、在特定区域开展统计试点、发放企业调查问卷等方法，发展和完善中国的数字贸易统计体系。

（3）实现跨部门测度统计合作。鉴于传统单一的贸易统计口径和产业分类体系很难准确捕捉到数字贸易的影响，需要吸收企业、高校、研究机构等专家团队，开展跨部门、跨领域合作开展数字贸易测度的前沿探索。

2. 岳云嵩考察数字贸易测度中国实践现状，提出改进建议

岳云嵩对手册 1.0 关于数字贸易内涵、概念性架构和测度方法进行了较为深入的研读，并对中国相应实践作了考察，指出现状存在的问题。

就数字订购贸易，作者指出中国在数字订购交易 / 贸易的统计调查和研究方面做了大量工作，包括统计机构针对企业电子商务使用情况调查、海关针对 B2C 跨境电子商务的调查、商务部对平台上跨境电商交易的调查等，已经具备统计核算数字订购贸易规模良好基础。遗憾的是，官方仅是对外公布了海关统计的 B2C 电子商务交易规模数据，更重要的 B2B 跨境电子商务交易规模数据并未公布。岳云嵩推测可能的原因，一是概念界定不统一，二是对 B2B 跨境电子商务发展重视程度不足。

在数字交付贸易方面，岳云嵩指出：中国商务部门对数字服务贸易的统计做了积极尝试和创新，一是参考贸发会议方法计算了可数字化服务贸易的进出口额，以及提供了更详细的分类数据；二是对社交媒体、搜索引擎云计算等典型数字服务产业发展情况进行了分析。指出两方面统计核算工作均有进一步提升的空间，前者需要明确可数字化服务贸易中实际通过网络交付部分的占比，可参考贸发会议的方法对分行业企业进行一次有针对性的抽样调查。后者除了软件业外大多数均没有提供对外贸易的数据，且忽略了许多重要的服务产业如数字中介服务、大数据服务等，有待进一步完善。

岳云嵩得出的启示建议是。

（1）清楚准确的数字贸易定义是各项统计测度工作开展的前提。中国在这一问题上要形成自己的观点和看法，在借鉴国际经验和主流观点基础上，结合发展实际适当进行创新。

（2）开展数字贸易尝试性测度。现有统计工作基础可能已经足以支撑数字贸易总体规模测算。数字订购贸易采用“数字订购贸易 = 全国电子商务交易额 × 进出口总额 /GDP”进行计算。数字交付部分采用贸发会议公布的信息通讯（ICT）赋能服务贸易数据。

岳云嵩建议主管机构针对测算需求开展进一步工作，一是明确跨境电子商务概念内涵，加强与国际定义相一致的包括了 B2B 部分的跨境电子商务交易额统计；二是核算同为数字订购和数字交付的服务贸易在跨境电子商务交易额中所占比重，以便进行去重处理；三是调查和分析 ICT 赋能服务贸易中实际数字交付的占比，获取准确的数字交付贸易规模。

（3）加强典型数字服务产业外贸的统计。重要的数字服务产业可能包括电信、云服务、软件、各类数字中介服务、社交媒体、搜索引擎、即时通信和数字金融等，需强化对它们国际化发展情况的量化。

（4）加强非货币数字流的统计。由于国际数据要素市场不健全，发达国家数字服务的提供者同时可以无偿获取大量用户数据（个人数据、工厂生产等），并基于数据提升数字服务质量或创造新的数字服务。因此，应加快对非货币数字流衡量的研究，确保发展中国家获得合理的数据收益。

（5）同步推动量化评价指标体系的构建。建议从技术应用、新模式发展、经济影响、监管治理、国际规则五个维度构建指标体系。

（6）发挥信息通讯技术在统计中的作用。需要进一步推动统计工作的信息化建设。一是充分挖掘数字中介平台的大数据潜力，强化统计机构与龙头数字中介平台的对接和合作，深化对订单数量、规模等的统计和分析；二是加强人工智能技术在数据的采集、审核、处理、分析等环节中的应用，提高数据审核进度和效率分析；三是鼓励优化统计服务水平。鼓励数字中介平台在数据流通和交易环节中广泛使用区块链技术，提升采集数据的可信程度。

以上二人所提建议即便是数年后的现在，仍具有很高的参考价值。

（本章撰稿人：贯怀勤、岳云嵩、方元欣）

第三章　国际社会关于数字贸易的窄概念及其测度

国际社会主张数字贸易窄概念的，以贸发会议和美国商务部经济分析局（Bureau of Economic Analysis，BEA）为代表。

一、贸发会议和美国商务部经济分析局聚焦可数字交付服务

从国际收支表经常项目的服务分类中摘取与数字贸易相关的服务品类，相继使用过“潜在信通技术赋能服务”（potential ICT-enabled services）和“可数字交付服务”①（digitally deliverable services）两个提法。ICT 是信息通讯技术（information and communication technology）的缩写。

（一）潜在 ICT 赋能服务

贸发会议采用 ICT 赋能服务的概念，基于联合国主要产品分类（CPC）将服务贸易分为潜在 ICT 赋能的和不可以由 ICT 赋能的两类，具体分类如下，加 * 号的为潜在 ICT 赋能服务，共 6 类，即第 6 ～ 11 类。

按《国际收支手册（第 5 版）》（BPM5），服务贸易分为以下 12 类：

① 这个概念的原文是 digitally deliverable services，与 actual digitally-delieved services 相对应，贾怀勤分别译为“可数字交付服务”和“实际数字交付服务”。

（一）对他人拥有的有形投入进行的制造服务（简称加工服务）

（二）别处未包括的保养和维修服务（简称保养维修）

（三）运输

（四）旅行

（五）建筑服务

（六）保险和养老金服务（简称保险服务）*

（七）金融服务 *

（八）别处未包括的知识产权使用费（简称知识产权服务）*

（九）电信、计算机和信息服务（简称 ICT 服务）*

（十）其他商业服务 *

（十一）个人、文化和娱乐服务（简称个人文娱服务）*

（十二）别处未包括的政府货物和服务

美国商务部的立场和主张不同于作为咨询机构的美国国际贸易委员会，它尚未使用数字贸易这个概念。其一，它更关注的是全球信息自由流动（The Global Free Flow of Information Online）。其二，它使用的是可数字交付服务这样的提法，即可以使用数字技术交付的服务。于是，服务就被划分为完全使用数字技术交付、部分使用数字技术交付和不可使用数字技术交付的 3 种服务组合。它也使用另一个与之同义的提法——数字赋能服务（digitally-enabled services），指在技术上具备了网上提交可能的服务。按此口径，美国 2011 年可数字交付服务出口 3574 万亿美元，占服务出口的 60%，占货物和服务总出口的 17%。同期美国可数字交付服务进口 2219 万亿美元，占服务出口的 56%，占货物和服务总进口的 8%。

2012 年 BEA 专家博尔加和布伦纳尔[①] 提出了两个相同内涵的概念：数字赋能服务（digitally-enabled services）和信通技术赋能服务（ICT-enabled services），将之定义为“数字信息和通讯技术对其跨境贸易起到重要作用的服务”。

---

① Maria Borga and Jennifer Koncz–Bruner. Trends in Digitally–Enabled Trade in Services. https://www.bea.gov/research/papers/2012/trends–digitally–enabled–trade–services.

乔舒亚·梅尔特泽尔（Joshua Meltzer，2013）[①] 建议“政府应用现有国际贸易规则和规范，辨明何处需要新贸易规则，以便进一步支持互联网和跨境数据流动使之作为国际商务和贸易的驱动力”。

乔斯林·玛德琳（Joscelyn Magdeleine）和安德里亚斯·马瑞尔（Andreas Maurer）（2013）[②] 关注创意设计和文化产品等新型贸易品的贸易方式，既有传统的以货物为载体的贸易，也有通过线上交易的无载体贸易。他们指出“货物与服务的界限越来越模糊，现有的划分方式不足以详细分类相应的新型贸易，有必要更进一步审视怎么运用和完善现有的统计分类”。

2016年BEA专家格里姆把数字贸易分为信通服务、潜在信通赋能服务和非潜在信通赋能服务。在“信通赋能服务”前面加“潜在”（potential）一词，是因为不能够在国际收支表的数据采集过程中直接获得信通赋能服务的数据，而只能根据信通技术在该服务提供的应用可能来划分“潜在”和“非潜在”。2016年6月，美国商务部在《当代商业概览》发表艾莱克西斯·N·格里姆（Alexis N Grimm）写的《美国的信通技术服务和信通赋能服务贸易趋势》。他尝试在现有的国际收支表的服务子项中核算数字贸易的进、出口额和贸易平衡。

ICT服务，指为信息加工和电信提供支撑的服务，包括电信服务、计算机服务和使用联系于计算机软件的智慧财产所发生的付费。

ICT赋能服务，指通过信息和电信网络远程交付的服务，包括能够用电子技术辨识、展示、交付、评价和消费的各项活动。

潜在ICT赋能（PICTE）服务，指能够通过ICT网络远程交付的服务。不能确知是否事实上实现了这样的交付。

以上这个数字服务贸易的分类方法被称为格里姆法。

---

① Joshua Meltzer. 互联网、跨境数据流动与国际贸易。技术创新问题（Issues in Technology Innovation）2013年2月号。作者是美国布鲁金斯学会全球经济与发展会员。

② Joscelyn Magdeleine, Andreas Maurer. I https://www.semanticscholar.org/paper/Understanding-trade-in-digitized-ideas%3A-What-are-Magdeleine-Maurer/c2c06b2f6899f3ef1ffaaed1454bc1cb2d03ed89。

格里姆对美国2014年服务的十二类之下的细类按上述三条标准进行区分，并列出了各类的出口、进口和平衡（见表3–1），而本书作者在其细分的基础上整理出粗分类的出口、进口和平衡（见表3–2）。

表3–1 2014年美国服务贸易格里姆法粗分类

单位：亿美元

项目	代号	出口	进口	平衡
总计（不分类）	NOCAT	7105.65	4774.28	2331.37
现代服务	MS	3851.08	2308.75	1542.33
其中：信通服务	ICT–S	683.74	378.15	305.59
潜在信通技术赋能服务	PICTE–S	3167.34	1930.60	1236.74
传统服务	TS	3254.57	2465.53	789.04

资料来源：贯怀勤重新整理，原载美国《当代商业概览》2016年6月号。表中NOCAT表示服务不分类；
TS表示传统服务（即格里姆所说非潜在信通技术赋能服务）；
MS表示现代服务；
ICT–S表示信通服务；
PICTE–S表示潜在信通技术赋能服务。

表3–2 2014年美国服务贸易格里姆法细分类

单位：亿美元

项目	大类代号	出口	进口	平衡
维护和维修服务（他处未列）	TS	223.98	74.68	149.21
运输	TS	900.31	942.19	–41.88
旅行（教育目的除外）	TS	1772.41	1107.87	664.54
保险服务	PICTE–S	174.17	500.96	–326.79
金融服务	PICTE–S	872.90	195.03	677.87
知识产权使用（他处未列）	MS	1303.62	421.24	882.38
工业流程	PICTE–S	487.23	237.83	249.40
计算机软件	ICT–S	395.14	67.73	327.41
商标	PICTE–S	168.83	D	D
特许费	PICTE–S	57.35	D	D

续表

项目	大类代号	出口	进口	平衡
视听及相关产品	PICTE–S	194.14	76.43	117.71
其他知识产权	PICTE–S	0.94	1.14	–0.20
通讯、计算机和信息服务	MS	358.85	333.14	25.71
通讯服务	ICT–S	135.50	66.56	68.94
计算机服务	ICT–S	153.10	243.86	–90.76
信息服务	PES	70.25	22.72	47.53
其他商业服务	NOCAT	1295.14	957.52	337.62
研发服务	PICTE–S	331.92	330.48	1.44
专业和管理咨询服务	PICTE–S	594.87	381.63	213.24
技术、贸易相关和其他商业服务	NOCAT	368.34	245.42	122.92
建筑工程服务	PICTE–S	123.43	49.86	73.57
建筑施工	TS	19.71	22.61	–2.90
工业工程	PICTE–S	40.85	26.91	13.94
采矿	TS	37.97	17.62	20.35
经营性租赁	TS	75.05	35.09	39.96
贸易相关服务	TS	12.69	13.90	–1.21
体育和演艺	TS	8.17	9.92	–1.75
培训服务	PICTE–S	25.15	12.60	12.55
其他商业服务（他处未列）	PICTE–S	25.32	56.90	–31.58
政府货物和服务（他处未列）	NOCAT	204.38	241.63	–37.25

资料来源：贾怀勤重新整理，原载美国《当代商业概览》2016 年 6 月号。

从表 3–2 可知，美国服务贸易无论是传统服务还是现代服务，都享有顺差，但是顺差主要来自现代服务。出口中现代服务占 54%，传统服务占 46%。现代服务的 54% 占比，来自潜在信通赋能服务的占 45%，来自信通服务的占是 10%。进口服务的两部分占比则反之，现代服务和传统服务各占 48% 和 52%。现代服务占比 48%，来自信通服务 8%，来自潜在信通技术赋能服务 40%。图 3–1 所展示的美国服务进出口在 2016 年的规模虽较 2014 年有所提升，但其结构与 2014 年大致一样。

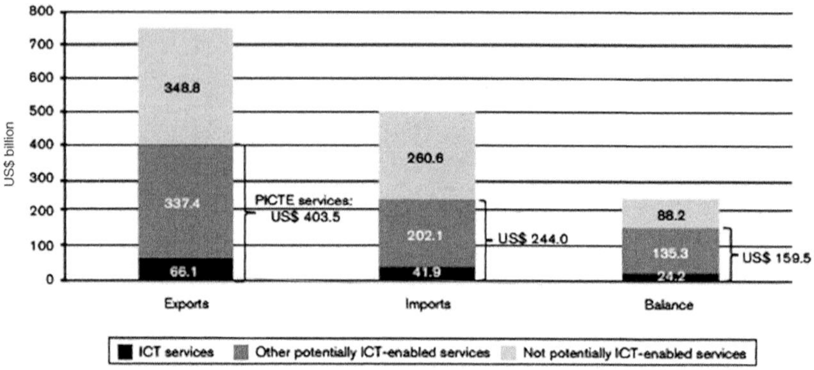

图 3–1　2016 年美国 ICT 服务、潜在 ICT 赋能服务和非潜在 ICT 赋能服务

资料来源：美国 BEA2018 年。

BEA 资深经济学者 Jessica Nichholson 在 2018 年 4 月 16 日提交给贸发会议“电子商务周”的讲座稿 Understanding Digital Trade in the US① 中重申格里姆对服务贸易的分类法，绘制出美国 1999—2016 年相关数据的统计图。美国国际服务贸易出口总额中潜在 ICT 赋能服务占比 1999—2099 年间缓慢提升，到 2009 年以后大致稳定；其进口状况也在同时间经历了由上升到平稳的变化过程，只是进口占比一直低于出口占比。

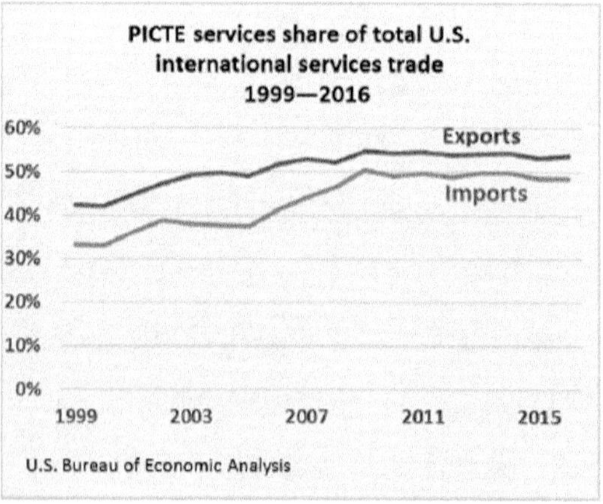

图 3–2　美国国际服务贸易总额中潜在 ICT 赋能服务占比 1999—2016 年变化图

资料来源：BEA。

---

① https://unctad.org/system/files/non-official-document/dtl_eWeek2018p05_JessicaNicholson_en.pdf.

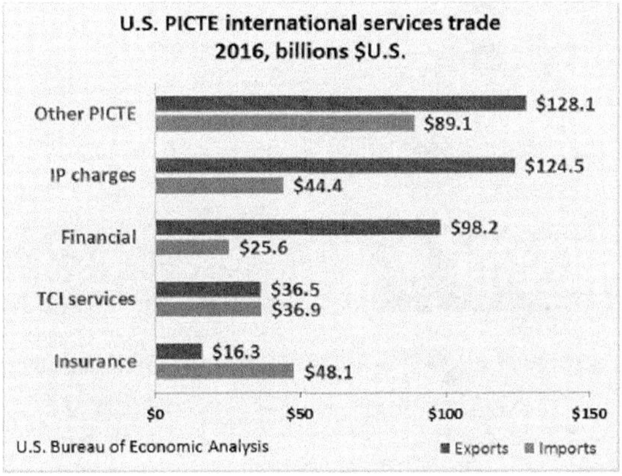

图 3–3　美国潜在 ICT 赋能服务中各类别的出口和进口

资料来源：BEA。

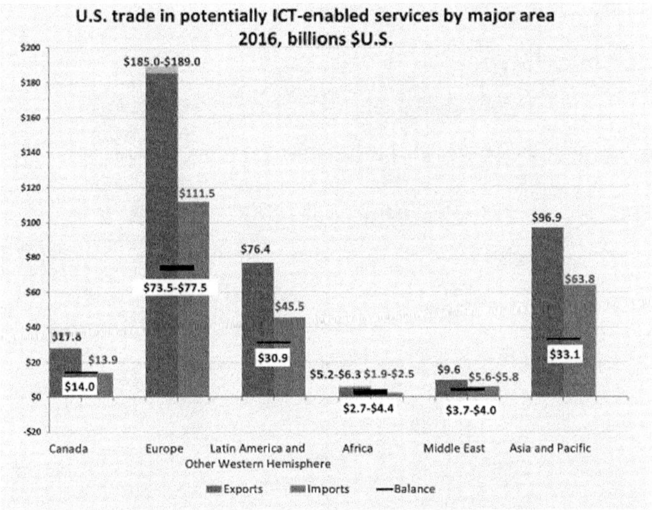

图 3–4　美国对主要贸易伙伴的潜在 ICT 赋能服务出口和进口及平衡

资料来源：BEA。

就 2016 年美国潜在 ICT 赋能服务中各类别的出口和进口而言，保险服务出口远大于进口，通信、计算机和信息服务进出口大致平衡，金融服务、知识产权使用费和其他潜在 ICT 赋能服务都是出口远大于进口。

2016 年美国与主要贸易伙伴的潜在 ICT 赋能服务贸易（如图 3–5 所示），无论是出口、进口还是平衡，都是欧洲位列第一，以下依次是亚太、拉美及其他西半球国家、加拿大和中东。

（二）可数字交付服务

贸发会议网站发布各成员国的可数字交付服务[①]贸易额（参见图 3–5）。

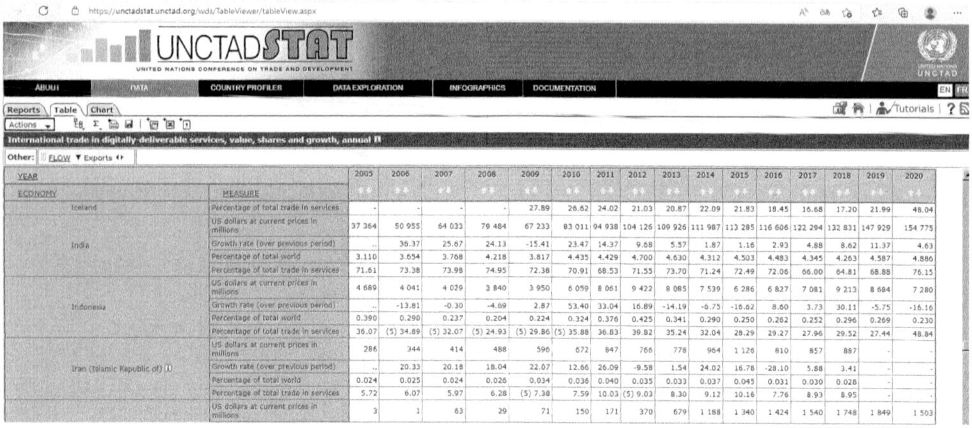

YEAR / ECONOMY	MEASURE	2005	2006	2007	2008	2009	2010	2011	2012	2013	2014	2015	2016	2017	2018	2019	2020
Iceland	Percentage of total trade in services	-	-	-	-	27.89	26.62	24.02	21.03	20.87	22.09	21.83	18.45	16.68	17.20	21.99	48.04
India	US dollars at current prices in millions	37 364	50 955	64 033	79 484	67 233	83 011	94 938	104 126	109 926	111 987	113 285	116 606	122 294	132 831	147 929	154 775
	Growth rate (over previous period)	..	36.37	25.67	24.13	-15.41	23.47	14.37	9.68	5.57	1.87	1.16	2.93	4.88	8.62	11.37	4.63
	Percentage of total world	3.110	3.654	3.768	4.218	3.817	4.435	4.429	4.700	4.630	4.312	4.503	4.483	4.345	4.263	4.587	4.886
	Percentage of total trade in services	71.61	73.38	73.98	74.95	72.38	70.91	68.53	71.55	73.70	71.24	72.49	72.06	66.00	64.81	68.88	76.15
Indonesia	US dollars at current prices in millions	4 689	4 041	4 029	3 840	3 950	6 059	8 061	9 422	8 085	7 539	6 286	6 827	7 081	9 213	8 684	7 280
	Growth rate (over previous period)	..	-13.81	-0.30	-4.69	2.87	53.40	33.04	16.89	-14.19	-6.75	-16.62	8.60	3.73	30.11	-5.75	-16.16
	Percentage of total world	0.390	0.290	0.237	0.204	0.224	0.324	0.376	0.425	0.341	0.290	0.250	0.262	0.252	0.296	0.269	0.230
	Percentage of total trade in services	36.07	(5) 34.89	(5) 32.07	(5) 24.93	(5) 29.86	(5) 35.88	36.83	39.82	35.24	32.04	28.29	29.27	27.96	29.52	27.44	48.84
Iran (Islamic Republic of)	US dollars at current prices in millions	286	344	414	488	596	672	847	766	778	964	1 126	810	857	887	-	-
	Growth rate (over previous period)	..	20.33	20.18	18.04	22.07	12.66	26.09	-9.58	1.54	24.02	16.78	-28.10	5.88	3.41	-	-
	Percentage of total world	0.024	0.025	0.024	0.026	0.034	0.036	0.040	0.035	0.033	0.037	0.045	0.031	0.030	0.028	-	-
	Percentage of total trade in services	5.72	6.07	5.97	6.28	(5) 7.38	7.59	10.03	(5) 9.03	8.30	9.12	10.16	7.76	8.93	8.95	-	-
	US dollars at current prices in millions	3	1	63	29	71	150	171	370	679	1 188	1 340	1 424	1 540	1 748	1 849	1 503

图 3–5 贸发会议统计司国际贸易数据集截屏

资料来源：https://unctadstat.unctad.org/wds/TableViewer/tableView.aspx?ReportId=158358。

表 3–3　2010 年主要国家数字贸易额

国别	贸易额（亿美元）	占比（%）	累计占比（%）
世界	17613.55	100.0	——
美国	3379.24	19.2	19.2
英国	2133.57	12.1	31.3
爱尔兰	745.07	4.2	35.5
德国	1213.08	6.9	42.4
中国	576.53	3.3	45.7
印度	672.33	3.8	49.5
法国	970.98	5.5	55.0
荷兰	1010.39	5.7	60.8
新加坡	396.61	2.3	63.0
日本	651.06	3.7	66.7
瑞士	664.94	3.8	70.5
其余国家	4426.57	80.3	100.0

资料来源：贸发会议统计司国际贸易数据集。

① digitally deliverable services 笔者曾译为“数字可交付服务”，一些机构也如是。本书译为“可数字交付服务”，以便与“实际数字交付服务”（actually digitally delivered services）对应。国务院发展研究中心对外经济研究部和中国信息通信研究院也译为“可数字交付服务”，见两机构编撰的《数字贸易发展与合作报告 2023》第 2 页底注②。

表 3–4　2020 年主要国家数字贸易额

国别	贸易额（亿美元）	占比（%）	累计占比（%）
世界	32251.40	100.0	—
美国	5330.93	16.5	16.5
英国	2867.01	8.9	25.4
爱尔兰	2226.19	6.9	32.3
德国	2036.57	6.3	38.6
中国	1543.75	4.8	43.4
印度	1479.29	4.6	48.0
法国	1429.42	4.4	52.4
荷兰	1268.09	3.9	56.4
新加坡	1222.74	3.8	60.2
日本	1147.41	3.6	63.7
瑞士	832.86	2.6	66.3
加拿大	609.56	1.9	68.2
瑞典	538.38	1.7	69.9
其余国家	9719.20	83.5	100.0

资料来源：贸发会议统计司国际贸易数据集。

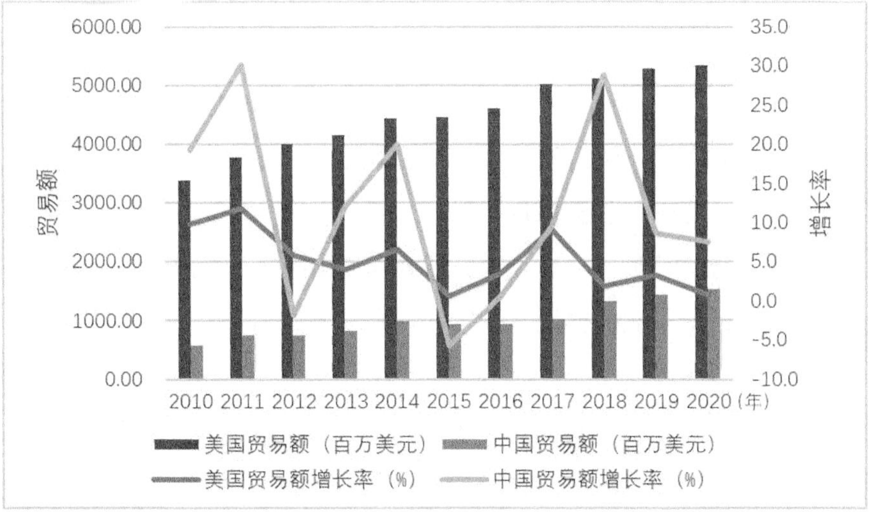

图 3–6　中美两国 2010—2020 年可数字交付服务贸易对比

资料来源：贸发会议统计司国际贸易数据集。

二、贸发会议和美国商务部经济分析局探索测度实际数字交付服务占比

2021 年 11 月中国国家统计局与联合国统计司合办发展中国家官员培训班，一位授课专家在讲到数字贸易测度时，一再强调“可数字交付服务≠实际数字交付服务”“实际数字交付服务≤可数字交付服务”。

贸发会议和美国商务部经济分析局试图采集实际数字交付服务的数据。

（一）贸发会议在发展中国家组织试点企业调查

2016 年，贸发会议在哥斯达黎加、印度和泰国与当事国负责部门就实际数字交付服务联合开展了试点企业调查，只是那时上述一对术语还分别称为信息通信技术（下简称信通技术）潜在赋能服务和信通技术实际赋能服务。该组织于 2018 年 6 月向联合国提交了《信通技术赋能服务出口调查的实施——基于 2017 年调查实施的主要发现和体悟的分析报告》。以下是调查的主要发现。

1. 哥斯达黎加

通过信通技术网络出口服务的公司有 81.8% 属于服务业，且大多数（63.2%）为大型公司。外国附属机构在这类服务中起重要作用。2016 年，潜在信通技术赋能服务占全部服务的 39%。约 97% 的信通技术潜在赋能服务出口在信通网上交付，业务种类主要是管理服务和后台服务。实际信通技术赋能服务占服务出口总额的 38%。

2. 印度

2016—2017 财年，70% 的服务出口是潜在信通技术赋能。81% 的潜在信通技术赋能服务出口实际通过信通技术网络交付。信通赋能服务出口占服务出口总额的 57%。其中计算机服务是最大类别，占 2/3。从事服务出口的中小企业通过信通技术网络的交付占绝大多数（超过 99%）。

3. 泰国

调查只在通讯业进行。多数出口是信通技术赋能。

（二）美国通过其他方式测度本国和欧盟的信通技术赋能服务

1. 美国

2016 年的服务贸易总额中超过 50% 是潜在信通技术赋能服务。

为此 BEA 考虑修改其企业调查问卷以便能采集到实际信通技术赋能服务。

2. 欧盟

2014 年，欧盟（包括盟内贸易）服务出口总额中潜在信通技术赋能服务占 52%，不包括盟内贸易的该项指标是 56%。

表 3–5　2016 年不同经济体信通技术赋能服务占比

单位：%

经济体	贸易流向	潜在信通技术赋能服务对服务贸易占比	实际信通技术赋能服务对服务贸易占比	潜在信通技术赋能服务对实际信通技术赋能服务占比
哥斯达黎加	出口	39	39	97
印度	出口	70	57	81
美国	进出口	50	——	——
欧盟 28 国	出口	52	——	——

注：印度数据是按 2016—2017 财年计。欧盟数据是 2014 年的。

资料来源：贾怀勤根据贸发会议《信通技术赋能服务出口调查的实施——基于 2017 年调查实施的主要发现和体悟的分析报告》数据制表

此后没有进一步的数据发布。

三、国内关于数字贸易的不同定义

（一）早期的文献回顾

国内从 2015 年开始有研究数字贸易的成果发表，多是从规则视角谈问题、提建议。截止到贾怀勤提出数字贸易测度，尚未发现有关于测度的成果。

何其生（2012）在国内较早地引入了“数字产品贸易”的概念。

李忠民、周维颖（2014）根据美国国际贸易委员会研究报告第一部分的内容，较为详细地介绍了美国数字贸易发展态势。

陈靓（2015）在使用“数字产品”基础上，引入了美国国际贸易委员会“数字贸易”的新概念。

王晶（2016），李杨、陈寰宇、周念利（2016），李墨丝（2017），沈玉良、金晓梅（2017），于立新、何梦婷（2017），都探讨数字贸易规则。

总之，各文献一致认为尚未有关于普遍接受的数字贸易的标准定义。没有任何国内文献讨论数字贸易的测度方法，他们关注的都是数字贸易的规则及其国际治理。

2018 年 4 月，商务部有关部门召开的一个数字贸易专家咨询会。出席此会的 9 位专家，除贾怀勤讲数字贸易测度之外，都是围绕数字贸易规则发言，这一方面表明数字贸易规则的重要性，另一方面也可以看出当时国内关注数字贸易测度的人极少。

（二）2018 年以来国内关于数字贸易宽窄之辩

研究数字贸易，绕不开其概念范畴，而国内这方面研究多受美国国际贸易委员会前两份报告的影响，基本上分为窄和宽两种主张。

起初，商务部服务贸易和商贸服务业司（以下简称服贸司）持数字贸易窄主张。服贸司 2018 年对数字贸易采用列举式定义，指出：“数字贸易既包括数字化的产品或服务，也包括各种商品的电子商务。即，数字贸易既包括了数字商品的贸易，也包括了数字化的贸易方式，是以互联网为基础、以数字化方式对传统贸易的升级。……随着全球数字经济快速发展，数字贸易也将成为下一代的主要贸易方式。”[①]2020 年服贸司首先采用特征描述式，强调

---

① 中华人民共和国商务部《中国数字贸易与软件出口发展报告 2017》第 3 页。

数字贸易“以数据为生产要素、数字服务为核心、数字交付为特征的数字贸易蓬勃兴起”[①]；后面又采用列举式，“根据数字贸易交易标的的分类，本报告将数字贸易分为数字技术贸易、数字产品贸易、数字服务贸易和数据贸易”[②]。陈智国也是窄概念主张者。他强调“数字贸易，是指交付数字产品、数字服务、数据信息的国际贸易模式，主要包含数字产品（服务）贸易和数据信息贸易”。“数字贸易不包括物理货物在线订单的价值”[③]。

商务部研究院主张宽概念——数字贸易是依托信息网络和数字技术，在跨境研发、生产、交易、消费活动中产生的，能够以数字订购或数字交付方式实现的货物贸易、服务贸易和跨境数据流动贸易的总和，它是以数字技术为支撑，以数字服务为核心，以数字订购和数字交付为主要特征，以数字平台为主要载体，高度依赖数据跨境流动，广泛渗透到经济生活各个行业和领域的综合性贸易形态。它包括数字货物贸易、数字服务贸易和数据跨境流动贸易三大类别。[④]

马述忠更是持宽概念的代表人物，他为数字贸易下的定义是：数字贸易是以数字化平台为载体，通过人工智能、大数据和云计算等数字技术的有效使用，统筹贸易数字化和数字化贸易进程，实现实体货物、数字产品与服务、数字化知识与信息的精准交换，进而推动消费互联网向产业互联网转型并最终实现制造业智能化的新型贸易活动。[⑤]

持窄概念者认为，数字贸易的核心是数字技术的贸易化，最多扩延到数字交付的服务贸易。如果把跨境电商也纳入数字贸易的范畴，表面是增大了

---

① 中华人民共和国商务部服务贸易和商贸服务业司《中国数字贸易发展报告 2020》第 3 页。

② 中华人民共和国商务部服务贸易和商贸服务业司《中国数字贸易发展报告 2020》第 8–11 页。

③ 陈智国 . 数字贸易的概念、特征、现状与发展策略 . PPT, 2020 年 10 月。

④ 商务部研究院数字贸易研究中心，李俊主编，王拓 李西林副主编。《数字经济与数字贸易的理论与实践》，第 52 页。民主与建设出版社，2021 年 11 月，北京。

⑤ 马述忠 沈雨婷 耿学用 . 宽口径理解数字贸易的优势 . 中国社会科学报，2020 年 11 月 25 日第 004 版。

数字贸易的规模，实际上不利于推进数字技术研究和开发，颠覆了数字技术、数字产品和数据贸易的核心地位。

持宽概念者认为“传统实体货物仍是数字贸易的核心标的”，中国在数字贸易上的竞争优势是（货物的）跨境电商。将货物贸易排除在外，不利于中国制造业的数字化转型，不利于中国在国际市场的竞争。马述忠举出了跨境电商作为数字贸易核心标的六条理由。

商务部研究院提出对数字贸易作“包容性理解和界定”，贾怀勤认为这是对“认简识宽”理念的光大。他们主张“不同场景对数字贸易关注重点应有侧重”：“一是国际谈判将更关注数字贸易背后的数据流动规则和数字平台治理协调”，“二是国内制定政策促进发展将更关注由新型数字技术驱动、高度依赖数据跨境流动的新型数字贸易”，“三是数字贸易统计测度应与国际口径保持一致，即与经合组织、世贸组织和国际货币基金组织推荐的口径保持一致”。

（本章撰稿人：贾怀勤）

第四章　本书的数字贸易概念和测度架构

面对国内外关于数字贸易概念和其测度范畴的宽窄之辩，贾怀勤本着“认窄识宽”和“测宽聚窄”理念予以应答，而体现后者的是贾怀勤绘制的测度架构图。

一、关于数字贸易概念的“认窄识宽”

（一）贾怀勤咨政研究主张“认窄识宽”，不同场景应用不同口径

国内关于数字贸易定义，按其是否涵盖实体货物，基本上分为窄和宽两种主张。

贾怀勤认为，两种主张的分歧，既源于学术上的理论认识不同，也与业务实践上部门分管范畴有关，不必辩出个谁对谁错，只要在特定环境中适用即可。学者和专家在与政府有关部门沟通、咨政中，要本着“认窄识宽”立场，即认同有关部门根据其主管的业务领域给数字贸易所下的定义。

贾怀勤于2020年9月被中央网信办和商务部聘为国家数字贸易专家，在会上提出研究数字贸易要“认窄识宽”，即对商务部开展咨询要认同其窄理念的数字贸易；同时也要懂得宽理念数字贸易，且不可局限于窄理念，否则无法在其他场合与同行沟通，更不能与《数字贸易测度手册》的测度口径对接。

就大背景而言，国际上存在以贸发会议和美国商务部经济分析局为代表的聚焦数字可交付服贸的窄测度和以经合组织和世贸组织为代表的数字贸易架构宽测度两种做法，中国都需要熟悉其测度，而且作为国际组织的成员，中国需要按两种测度分别提交自己的数据。

从中国政府各部门分工来看，海关总署和商务部分别承担货物贸易统计和服务贸易统计的职能。实际上自 2014 年海关已经着手探索货物跨境电商统计并逐步建立起来一套行之有效的统计制度，海关总署的跨境电商统计只针对货物开展监测，不使用“数字贸易”的称谓。商务部电子商务司的电子商务年度报告也使用海关数据。

商务部服贸司负责服务贸易和数字贸易，服务贸易统计和数字贸易统计是其职能所在。2019 年，商务部服贸司发布《中国数字服务贸易发展报告 2018》，对中国数字服务贸易（即数字交付贸易）发展情况进行了说明。一方面介绍了软件、卫星导航定位与位置服务、社交媒体和搜索引擎、云服务、数字内容、离岸服务外包等六类数字服务产业的产值、销售额和出口等情况；另一方面介绍了金融、保险、电信计算机和信息服务、知识产权使用费、个人文化和娱乐服务、其他商业服务等 ICT 赋能服务贸易（商务部将其称为“可数字化服务贸易”）发展情况。分开介绍的原因是服贸司内设职能处的分工，第一方面的业务归一个业务处管理，第二方面由统计处管理。

2020 年商务部、网信办、工信部发布《关于组织申报国家数字服务出口基地的通知》。该通知把数字服务贸易确定为“采用数字化技术进行研发、设计、生产，并通过互联网和现代信息技术手段为用户交付的产品和服务”，具体包括：数字服务贸易包括软件、社交媒体、搜索引擎、通信、云计算、卫星定位等信息技术服务贸易，数字传媒、数字娱乐、数字学习、数字出版等数字内容服务贸易，以及其他通过互联网交付的离岸服务外包三大类。这个提法仅限于上段所说的第一方面。贾怀勤对此的理解是，该通知针对的是国家数字服务出口基地的创新和开发，并不是重新对数字贸易下一个更窄的定义。

在国家宏观层面和出于国际交流考虑，还是要认同宽主张。否则不便于国家对数字贸易的宏观指导和规则制订，也无助于增强中国在国际组织中的发言权和影响力。这就需要学术界针对宽口径数字贸易开展研究。

现在，国内渐趋向于使用数字贸易的宽概念，只是在具体研究和业务管理中有区分。

（二）与国际社会就数字贸易开展交流和谈判的建议

贾怀勤 2019 年曾阐述主要经济体在数字贸易国际竞争方面的不同优势和不同诉求，依据“认窄识宽，不同场景以不同策略对之”提出两条建议[①]。

1. 中美在数字贸易方面的不同优势

中国的比较优势在“卖全球，买全球”的跨境电商货物流动，美国的比较优势在可数字化的服务领域，诉求各不相同。

即将启动的世贸组织成员与贸易有关的电子商务规则谈判[②]，是磋商和制订电子商务国际规则的最重要平台。该谈判究竟如何进行，现在还不明确，但是肯定是要涵盖跨境电商的货物流动与数字信息和服务流动两个领域，它们分别基于《关税及贸易总协定》和《服务贸易总协定》两个既有协定。这正好契合宽概念的数字贸易。

以窄概念来理解数字贸易，使我们可以聚焦于数字跨境服务流动领域中国与美国等发达国家的发展差距和利益差异，由此出发开展学术研究和商务对策研究。中国需要关注和跟踪研究美国和其他发达国家主导的双边、诸边贸易协定和发展战略有关数字贸易的内容，如美国曾一度主导、后又退出谈判的《跨太平洋伙伴贸易协定》（TPP）以及《跨大西洋贸易与投资伙伴关系协定》（TTIP）、《服务贸易协定》（TISA）谈判和“欧洲数字单一市场战略”

---

① 贾怀勤．数字贸易的概念、营商环境评估与规则，国际贸易 2019（09）期。

② 2019 年 1 月 25 日，在达沃斯的电子商务非正式部长级会议上，中国、美国、日本、俄罗斯和欧盟（含 28 个盟员）等签署了《关于电子商务的联合声明》，确认有意在世贸组织现有协定和框架基础上，启动与贸易有关的电子商务议题谈判。

（the Digital Single Market Strategy）。这样就能为将来与美国等发达国家就数字贸易规则的双边磋商和诸边 / 多边磋商做好准备。

2. 对主要经济体的不同诉求做出预估

中国作为最大的发展中国家，代表发展中国家诉求，与广大发展中国家站在一起，将海关征税、跨境物流、跨境支付、电子认证、在线交易信用体系和消费者保护等列为优先磋商的议题；在电子商务的服务贸易领域，将主张寻求开放和保护之间的平衡。

美国的主要诉求是：信息自由流动；数字产品的公平待遇；保护所有者信息，包括不分享源代码；商业秘密和算法不得列为市场准入条件，不得强制技术转让；数字安全；促进互联网服务；竞争性电信市场；贸易便利化。

欧盟虽与美国、日本等一样，主张将数字的跨境自由流动纳入多边贸易规则，但是在保持欧盟国家自身文化的独立性和保护个人信息方面与美国有不同的诉求。

美国一定会把它与其他经济体的双边或三边贸易协定中关于电子商务乃至数字贸易的条款作为多边谈判导向。美墨加自贸协定（USMCA）首次以“数字贸易”取代“电子商务”作为数字贸易相关章节的标题，进一步明确了数字贸易的内涵，新增“网络安全”“交互式计算服务”以及“公开政府数据”条款，新增“提供增值服务条件”条款，在跨境服务贸易章的定义中，以脚注的形式明确了跨境服务贸易章的纪律也适用于“采用电子手段”生产、分销、营销、销售或交付的服务，实现已有规则的数字化升级。这是第一次以文字的形式在协定中予以明确。同时，以数字贸易为核心，在与服务贸易相关章节中设定纪律或条款，改善了原有规则无法适应数字贸易的现状。日本也将把 CCTPP 的有关条款作为世贸成员多边谈判的内容。

（三）贾怀勤数字贸易测度口径的主张

1. 对窄口径数字贸易的测度不能只停留在可数字交付服务上

可数字交付服务贸易是目前唯一为各国官方承认从而具有国际可比性的

数字服务贸易数据。但是显然不能以可数字交付服务贸易代替实际数字交付服务贸易，不应该止步于可数字交付服务。

从现有国民经济核算数据中不能直接提取实际数字交付服务贸易额。如何获取实际数字交付服务贸易额就成了数字贸易测度的关键。国内外对此问题的探索刚刚起步，关于这个领域的文献极少。已经开展的试测度都是在现有经济统计调查之上做附加的企业直接调查。具体做法分为两种：一是直接采集实际数字交付服务贸易额，如贸发会议在印度、泰国和哥斯达黎加进行的小样本企业调查，在一些服务品类上有所获，且呼吁成员国自愿开展这项调查（贸发会议，2018）；二是通过样本企业调查采集实际数字交付服务贸易额占可数字交付服务贸易额的比率（简称数字实交比），再由此比率估算总体的实际数字交付服务贸易额。如：美国商务部经济分析局植入在服务贸易调查问卷中的实交比调查（UNCDAT，2018），还有中国商务部在服务贸易重点联系企业框架上所做的实交比调查。但是都未曾见调查结果发布。

《数字贸易测度手册》的开放性和成长性，可以通过与《国际服务贸易统计手册》对比来理解。后者给出的是统计规范，各成员得遵循；前者列举出一些成员的数据获取方法和结果，供各成员参考，也允许各成员探寻和实验其他的数据获取方法，这就是它的开放性。后者由机构间专题工作组开发出来后，仅在联合国的几个区域片会上征求意见，就于2002年定稿发布。当然它也与时俱进，在2010年发布了第二版。但是它的开发研制是封闭的。而研发者承认前者仍然处于“婴幼儿”发育期，未来要吸取各方面、各成员的意见，进一步补充、修订和完善。这就是它的成长性。

数字贸易数据的获取，不鼓励“另起炉灶”，提倡使用既有调查渠道多方互鉴。

2. 中国应该为数字交付服务测度拿出自家方案

改革开放以来，中国的贸易统计工作逐渐形成了以下分工格局：海关总署负责货物贸易数据的采集、编制和发布，商务部负责服务贸易数据的采集、编制和发布。

《国际服务贸易统计手册》由机构间国际贸易专班之数字贸易测度专家组编纂。专家组主要成员来自几大国际组织，还包括来自多个世贸成员的专家。对数字订购这块，中国海关已经建有较为完善的跨境电商统计监管体系。有 3 位中国海关官员从货贸统计角度参与手册编纂。在服务贸易统计方面，则没有中国专家参与。建议商务部集中资源做好数字交付贸易测度方面工作，即测度使用数字手段交付的服务贸易进出口额。

国际组织说明，数字贸易测度手册有待进一步完善，以后还将有新版本编纂。这为世贸组织各成员进一步参与该项工作留有余地。希望有中国专家参与进去，以期实现货物贸易和服务贸易领域全覆盖。当然其前提是中国能够拿出数字交付贸易测度方法和实测数据，这是目前要突破的瓶颈。

一个世贸组织成员的专家，来自一个以上的部门，也符合手册编纂的先例：比如德意志联邦银行和德国统计局，意大利国家统计局和意大利中央银行，英国国家统计局和英国贸易部。

二、贸易三维拓展的“贾氏坐标系”

贸易形态是贸易品类、购销双方位置和交易实现途径的总称。国际贸易形态演进历程出现过 3 次跨越。第一次是服务以独立的类别登上国际市场，这在贸易统计上的反映是国际收支平衡表经常项目中服务被列为与货物并列的子项。第二次是《服务贸易总协定》用四种交付模式对国际贸易服务作出新定义，这在贸易统计上的反映是建立了二元框架——以国际收支服务子项对应跨境交付、境外消费和自然人存在三种模式，以外国附属机构（FA）对东道国境内服务交付对应外国商业存在模式。最近这次跨越则是数字贸易出现。

贾怀勤曾经用一个平面直角坐标系诠释前两次跨越，如图 4–1 所示。横轴是交易类别（category of product），它分为两类：一是货物（merchandise）或称物品（goods）；二是服务（services）。纵轴是交易者常驻状态所构成的关系，也分为两种，一是居民与非居民的关系，二是外国附属机构对东道国的其他居民。图中以 M 表示货物，S 表示服务，R 表示居民与非居民关系，C 表示外国商业存在。

在外国商业存在概念出现前，贸易只限于居民与非居民之间的交易。在服务贸易作为独立类别出现前，货物是唯一的交易类别，此时无须坐标轴，更构不成坐标系。服务贸易作为独立类别出现，导致横轴成为必要。外国附属机构在东道国对内提供服务，导致纵轴成立，从而形成平面直角坐标系和它的 4 个象限（见图 4-1）。第①象限是居民与非居民的货物贸易，用 RM 表示；第②象限是居民与非居民的服务贸易，用 RS 表示；第③象限是外国附属机构在东道国对内提供（图中简写成 FA 内供）服务，用 CS 表示；第④象限是外国附属机构在东道国对内提供货物，用 CM 表示。国际收支核算的是第①象限和第②象限的交易；服务贸易统计核算的是第②象限和第③象限的交易。

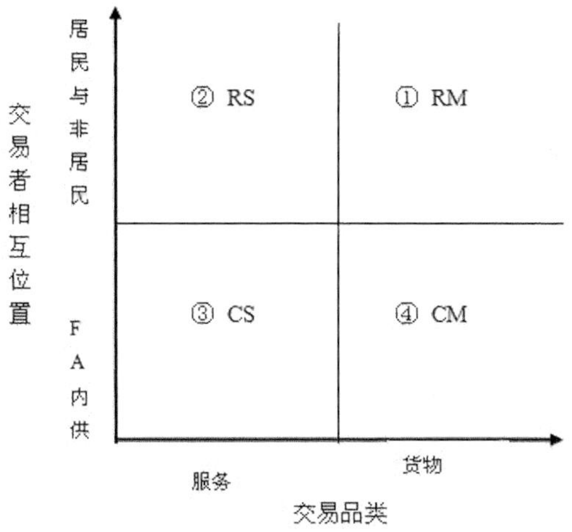

图 4-1　贸易形态的平面坐标系

资料来源：贾怀勤设计。

数字技术应用到经济贸易中后，数字技术融入流通环节，于是贸易形态的坐标系由二维发展到三维，这第三维就是交易途径，分为数字技术融入的交易（图中简称数字交易）和数字技术未融入的交易（图中简称非数字交易）（见图 4-2）。

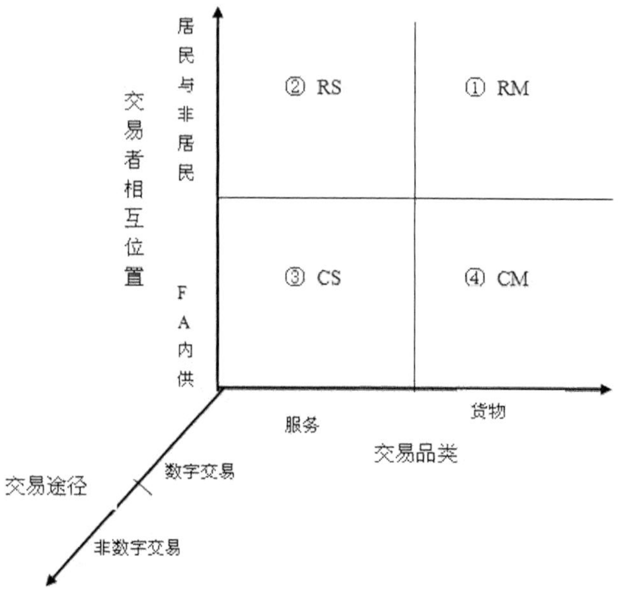

图 4–2　贸易形态的立体坐标系

资料来源：贾怀勤设计。

图 4–1 和图 4–2 所展示的架构可以称为"贾氏坐标系"。

为开发数字贸易测度方法，2017 年 3 月经合组织专家提出一个关于数字贸易概念的架构。该架构的一个重要维度是"特质"（nature），具体分为数字订购、数字提交和数字中介平台。具备与不具备这样的特质，与图 4–2 第 3 条数轴的是否为数字交易是一致的。

为了使所研究的问题更简明，暂不讨论外国附属机构在东道国当地销售，只讨论居民与非居民交易——这也是《数字贸易测度手册》所掌握的范畴，于是简化出来一个只由交易途径和交易品类构成的平面坐标系（图 4–3）。坐标系内的 4 个象限分别是 DS（数字交易—服务）、DM（数字交易—货物）、NS（非数字交易—服务）和 NM（非数字交易—货物）。

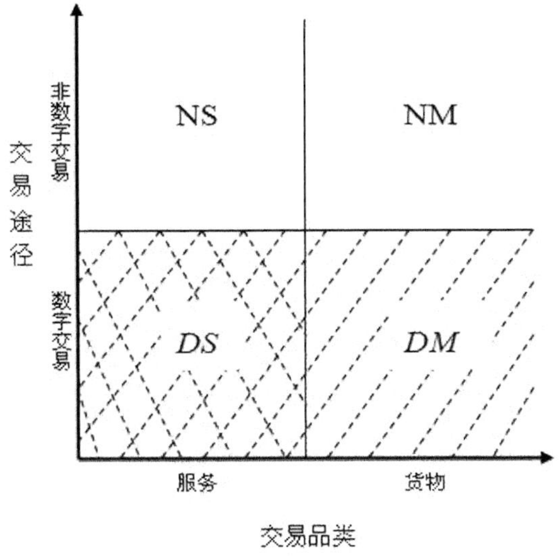

图 4–3　数字贸易范畴

资料来源：贾怀勤设计。

在国际社会上，数字贸易涵盖范畴分为宽概念和窄概念两种。宽概念的数字贸易对应图 4–3 中的 DS+DM（单斜线覆盖的部分）。窄概念的数字贸易对应图 4–3 中是 DS（双斜线覆盖的部分）。

三、数字贸易“二元三环”架构和“两化”定义

测度是对研究客体的数量表征——经济统计学上称为指标——给予定量回答，其关键是在指标与计量数值之间建立起对应法则。测度的前提是明了指标的概念，明确其内涵和外延：内涵通过定义来表达，外延就是指覆盖范畴。此外还需要明了相关指标之间的关系。为了简单而明确地回答这些问题，往往设计一个测度架构。关键是提出指标名称与计量数值之间的对应法则，并阐明对法则的实施途径，进而获取指标数值。

（一）“二元三环”架构的提出

“二元三环”测度架构是对“认窄识宽”理念的形象诠释和阐发。“二元”指的是数字服务贸易和数字货物贸易两个各自独立的体系。数字服务贸易又分为核心数字服务贸易和数字赋能服务贸易，再加上数字货物贸易，形成由内而外的三个环。以下对这个架构作详细解释。

从已有的文献来看，数字贸易可以归纳为 3 个子范畴：子范畴 A 是数字技术服务及技术迭代后所催生的全新经济模式或业态；子范畴 B 是数字化的服务贸易；子范畴 C 是数字化的货物贸易。三个子范畴从最窄、窄到宽，可以形成三种组合，A 是最窄的范畴，A+B 是窄范畴，而 A+B+C 是宽范畴。与国际社会接轨的数字贸易测度架构是确保国际可比性的前提，而中国新兴数字贸易发展和传统贸易数字化又有自身的特点，中国要确立的这个数字贸易涵盖范畴应该采取哪一种组合？子范畴 A 是数字技术自身所提供的服务，它是支撑由传统国际贸易向数字贸易发展的关键，需要特别重视，可以称为核心数字服务，即计算机、通信和信息服务。当然，从国际收支统计来看，它依然是服务贸易的组成部分。子范畴 B 是数字技术赋能服务，其重要性不言而喻。问题在于是否把子范畴 C 纳入数字贸易范畴。回答这个问题，需要侧重考虑什么样的数字贸易测度范畴有利于中国发挥国际竞争优势。美国和其他发达经济体在子范畴 A+B 和子范畴 C 上都很发达，但是它们的优势更体现在子范畴 A+B 上。而中国和其他几个新兴经济体的优势则集中体现在子范畴 C 上。更多的发展中经济体在所有贸易范畴都不发达，但是它们今后的发展路径一般是首先发展子范畴 C，即在业务上所说的货物—跨境电子商务。因此，我们必须高度重视子范畴 C。事实上，在世贸组织策划业务谈判时，采用了“数字贸易 / 电商”这样的提法。

经合组织和世贸组织专家们构建的三维架构是个理想的设计，但是现实与理想设计存在不小的差距，发展中经济体远未能做到，即便是多数发达经济体也只是使用所列的某种方法采集到部分栏目所需数据而非全部栏目要求的数据。中国目前的现实与距离全面借鉴测度手册存在一定的差距，需要把测度手册的要求进行降维处理，在指标编列上摘其精要，集中资源做好最关键的测度，一是数字服务贸易的测度，二是货物电子商务的测度。为此贾怀勤开发出“二元三环”新架构，摘取经合组织和世贸组织架构的精要指标，实现对贸发会议和美国商务部经济分析局范畴的扩展。

“二元三环”架构如图 4–4 所示，由虚线椭圆圈定的第一环与上述子范畴 A 对应，是国际收支经常项目服务分项中计算机、通讯和信息服务品类，是数字技术产业化产品的贸易。由粗实线椭圆圈定的第二环与子范畴 A+B 相对应，构成窄口径的数字贸易。由细实线椭圆圈定的第三环与子范畴 A+B+C 相对应，共同构成宽口径的数字贸易。所谓“三环”是指子范畴 A、子范畴 A+B 和子范畴 A+B+C 三个不同的数字贸易涵盖范畴。

要按照数字贸易三环架构进行数字贸易测度需要与中国现有的贸易统计体系进行对接才能落实。数字贸易的子范畴 A 和子范畴 B 都是服务贸易，因此，上述“三环”中子范畴 A 和子范畴 A+B 两环都可以定位在服务贸易统计框架。理论上，电子商务的交易标的包括货物和服务，但是在业务实践中，特别是中国海关对跨境电子商务的管理中，所指跨境电子商务仅限于以货物为标的。世界海关组织的《跨境电子商务标准架构》（2018）在前言第一句使用了“有形商品的跨境电子商务”的提法，行文其他地方都是直接用“跨境电子商务”指代货物的跨境电子商务。这里从学术角度出发，对以货物为标的的跨境电子商务称为货物—跨境电子商务。从而将之定位在货物贸易统计框架内。所谓“二元”，是指按服务贸易统计与货物贸易统计两个既有的贸易统计框架，搭建数字贸易的概念架构，包括数字服务贸易（数字订购）和货物—跨境电子商务（数字交付）。

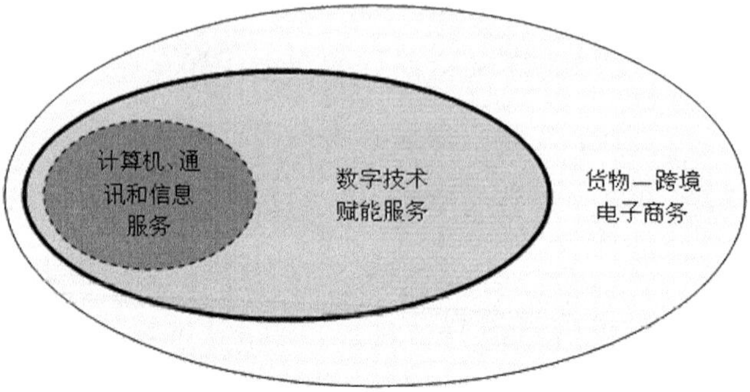

图 4–4 “二元三环”数字贸易指标架构示意图

资料来源：贾怀勤设计。

服务数字贸易与货物—跨境电子商务并列形成“二元”，“二元”架构与中国业务主管部门的工作是契合的。海关总署已经建立了一套货物—跨境电子商务统计监测体系，是数字贸易测度的重要组成部分，这套体系凸显了中国数字贸易在国际上的竞争优势。2019 年以来，商务部服务贸易司发布的历年《中国数字服务贸易发展报告》则基于“扩展的国际收支体系”（EBOPS）对数字贸易业务进行讨论。采用“三环”架构既可与“二元”架构形成连结，又可跟国际通行的数字贸易概念和贸易统计指标体系衔接。

（二）基于“两化”的数字贸易定义和“二元三环”架构的认识深化

1. 数字贸易化和贸易数字化

数字贸易融合指数字技术与贸易相融合。从本书前两章可知，国内外研究论述或是从产品类别或是从交易途径来考察数字贸易，我们认为应该透过表象看实质，即数字贸易的产生就是数字技术与贸易相融合的结果，它呈现出两条线，一是数字贸易化，即数字技术以新产品形态进入国际贸易；二是贸易数字化，即数字技术赋能贸易，提升了贸易效能，降低了贸易成本。

（1）数字贸易化

数字技术与贸易相融合催生出数字贸易，这是数字经济在国际贸易领域新的运行方式。数字技术既有前一个时期开发出来的计算机技术和互联网技术，更有较近一个时期开发出来的云计算、大数据、物联网、区块链和人工智能技术。数字技术与贸易相融合的过程分为两个方面，首先是这些技术的直接应用，产生了三类服务：通信服务，计算机服务，信息服务。这些服务的跨境交付和使用，构成了新兴的数字贸易，即出现数字贸易化趋势。这方面的服务体现在服务贸易第九类中。

需要指出的是，国际数字贸易规则谈判中所谓“自由流动”还涉及数字媒体（包括搜索引擎、社交平台、新闻媒体等），但是这些服务的提供往往不伴随明显的酬金收取，目前不在数字贸易测度考虑范畴内。

（2）贸易数字化

数字技术赋能传统国际贸易可以实现其交易途径的改变。在传统的交易途径——进出口商面洽、电传、电话或电子邮件等非数字技术联系途径之上，出现了数字交易平台——交易商自己拥有的平台或第三方中介平台，这对于不存在固定客户关系的交易商品和交易商，实现进出口双方关系匹配，撮合成交，签署合约和订单，显著地提升了交易效率。

数字技术赋能传统国际贸易还可以实现其交易内容的提升。原本在提供方和接受方不见面就无法交易的服务，通过数字技术可以实现远距离跨境交付，这种服务贸易赋能拓宽了服务贸易的交易面，从而增大了服务贸易交易额。一些实体提供的货物，制造商也可以借助数字技术向境外用户提供售后服务，这延伸了货物贸易功能，为制造商增加了服务贸易出口。

贸易数字化体现在数字技术对贸易的渗透上，分为贸易对象的渗透和贸易方式的渗透，两者互有交叉。

如表 4–1 所示，从渗透对象看，数字技术既可以对传统服务贸易进行渗透，也可以对货物贸易进行渗透。渗透方式分为替代渗透和协调渗透。替代渗透只针对服务贸易，数字技术的应用，使得原本需要卖方和买方当面交付的服务可以被以数字形式在线上交付所替代，这可以发生在被称为现代服务的各类上。随着数字技术的广泛应用和企业数字化转型的推广，这样的替代将变得越来越普遍。协调作用既可以针对被称为传统服务的各类服务贸易，也可以针对货物贸易，它通过跨国公司内部平台和中介平台的服务，对货物和服务的生产、销售、需求、物流等信息统一采集、处理和分析，有效信息被快速提炼出来，进行信息匹配，减少信息不对称性，从而提升从达成交易到实现交易、完成结算全交易链条的效率，降低贸易成本，扩大贸易规模。

表 4–1　渗透对象和渗透方式的交叉

渗透对象	渗透方式	
	替代渗透	协调渗透
货物贸易	×	V
服务贸易	V	V

资料来源：贾怀勤根据数字技术与贸易融合原理绘制。

这当中有一类特殊的服务和货物，即数字内容的贸易，它既有数字技术渗透成分（如部分现场文艺和体育表演可以转移到线上，影视、音乐产品的在线交付），也有数字全新产品（如动漫、游戏），还有线下实体交付与在线交付的共存（如出版）。

根据以上的认识，本书为数字贸易做出如下学术性定义：①

数字贸易是数字技术化成新质产品跨境贸易和数字技术促成新型跨境贸易的总称。

本书绪论已对此定义有详尽解释，这里从略。

2.“二元三环”架构的深化认识

为了深化对“二元三环”架构的认识，本书把二元和三环、BOP 服务贸易统计分类与数字贸易业务之间内在联系绘制了一幅架构、统计分类与业务对应图（见图 4–5）。

① 学术性定义区别于手册 1.0 所下的测度导向的定义。

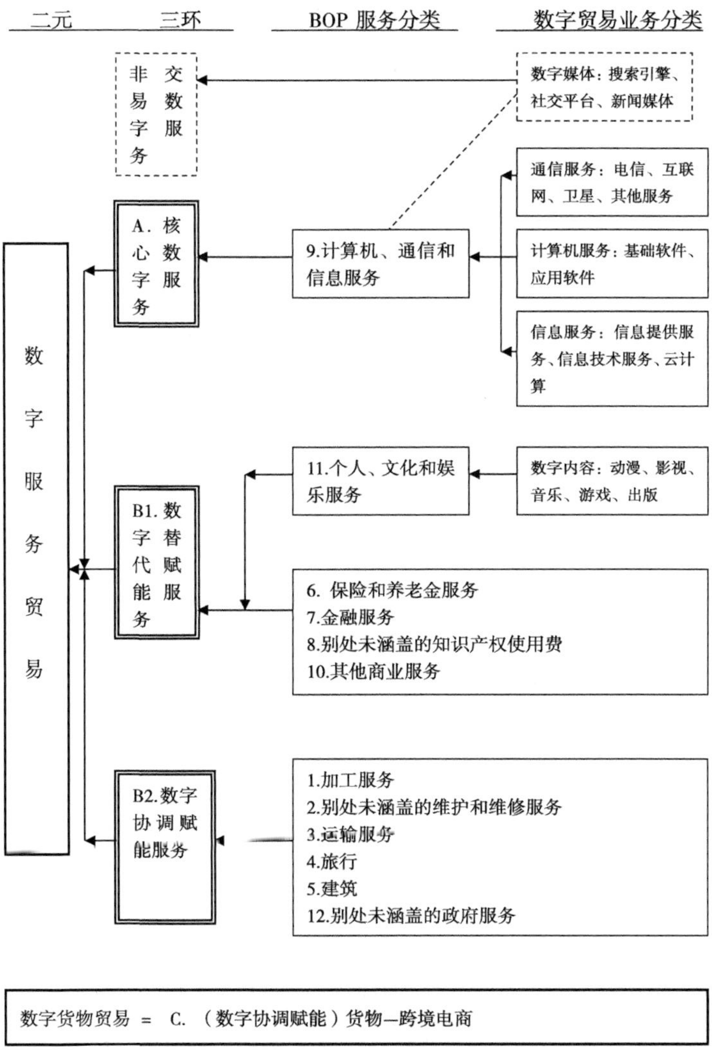

图 4-5 数字贸易业务种类、统计分类与“二元三环”的对应

资料来源：贾怀勤设计。

（1）对应图的三条线索

对应图含有三条线索：第一条线索，居图的左侧，是“二元三环”，由框A、框B（细分为B1和B2）和框C构成。第二条线索，居图中部，是BOP统计服务的十二大类。第三条线索，居图的右上部，是服务贸易第九类和第十一类对应的业务。

（2）服务贸易十二类的重新组合

中部线索有四个实线框，由上而下分别是：

第 9 类“计算机、通信和信息服务”；

第 11 类“个人、文化和娱乐服务”；

第 6 ～ 8 和 10 类（包括 6. 保险和养老金服务、7. 金融服务、8. 别处未涵盖的知识产权使用费、10. 其他商业服务）；

第 1 ～ 5 和 12 类（包括加工服务、别处未涵盖的维护和维修服务、运输服务、旅行、建筑、别处未涵盖的政府服务）。

（3）十二类服务与“二元三环”的对应关系

中部第一个框对应的是左部第一个双线框——“二元三环”的内环（A. 核心数字服务）。中部第二个和第三个框一并对应左部第二个双线框——“二元三环”之中环一部（B1. 数字替代赋能服务，即数字交付服务）。中部第四个框对应左部第三个双线框——“二元三环”之中环另一部（B2. 数字协调赋能服务，即数字订购服务）。

以上三个双线框的内容共同构成了数字服务贸易。它们再与图底部的长粗线框——货物—跨境电商即货物数字贸易组成宽口径的数字贸易全部。

（4）服务统计分类与业务的对应

服务贸易第 9 类“计算机、通信和信息服务”是核心数字服务。它又分为：

通信服务——在业务上含通信服务（包括 5G 通信、卫星通信等）、互联网服务、卫星定位与导航服务和其他服务；

计算机服务——在业务上含基础软件服务和应用软件服务；和

信息服务——在业务上含信息提供服务、信息技术服务、区块链服务和云计算服务等。

从业务上讲，“计算机、通信和信息服务”还包括数字媒体服务（含搜索引擎、社交平台和新闻媒体等），不过它的提供者与受众之间不发生收费交易，因此“数字媒体”不是服务贸易，不在数字贸易测度之列。

（5）品类转移效应

子范畴 B“数字技术赋能服务”又分为 B1“数字替代赋能服务”——与

BOP 服务第 6 ～ 8 类和第 10 ～ 11 类相对应，它们可以通过数字技术实现在线交付；B2“数字协调赋能服务”——与 BOP 服务第 1 ～ 5 类和第 12 类相对应，它们虽不能在线交付，但是可以通过在线订购提升贸易效能。

应该指出，“数字协调赋能服务”6 类服务也不是绝对是不可数字交付，它们的数字赋能具有品类转移效应。以旅行为例，其下二级品类除观光之外还有教育旅行、医疗旅行和商务旅行等业务。新冠疫情流行时，许多旅行业务都停滞了，数字技术为教育赋能产生了国际网课，数字技术为医疗赋能产生了越洋诊疗，这些新业态的出现，部分代替了求学者和求医者的国际旅行。但是国际网课和越洋诊疗不能记入旅行服务，因为服务的买方没有出国。它们可以记入“个人、文化和娱乐服务”。同理，以视频会议代替出国参加国际会议，这样的服务也可以计入“其他商业服务”。还有加工贸易、修理和维护、建筑和运输等，如果服务的提供方在提供服务过程中使用了外方的软件和信息服务，就应该将这些“服务中的服务”记在“通信、计算机和信息服务”项下。这种范畴的转换，有可能在《国际收支手册》下一版中做出服务类别细分。

图 4–6 进一步勾勒出“二元三环”架构与数字技术与贸易融合路径和《数字贸易测度手册》三组指标之间的关系。数字技术与贸易融合的“化成”路径——数字贸易化，形成核心数字贸易，与架构的内环——第 9 类服务对应。数字技术与贸易融合的“促成”（赋能）路径——贸易数字化，首先按赋能数字交付和数字订购分开，前者于中环内的第 6 ～ 8 和 10 ～ 11 类服务对应。后者进一步区分为服务的数字订购和货物的数字订购，服务的数字订购与中环内的第 1 ～ 5 和第 12 类服务对应；货物的数字订购与外环的货物—跨境电商对应。从“二元三环”与《数字贸易测度手册》三组指标之间的关系看，内环的第 9 类服务和中环的第 6 ～ 8 和 10 ～ 11 类服务共同指向《数字贸易测度手册》的数字交付贸易，中环的第 1 ～ 5 和第 12 类服务和外环的货物—跨境电商共同指向《数字贸易测度手册》的数字订购贸易。至于《数字贸易测度手册》的数字中介平台服务，它本属于第 9 类服务，只是需要将其单拎出来，因为它是数字订购贸易的支撑。

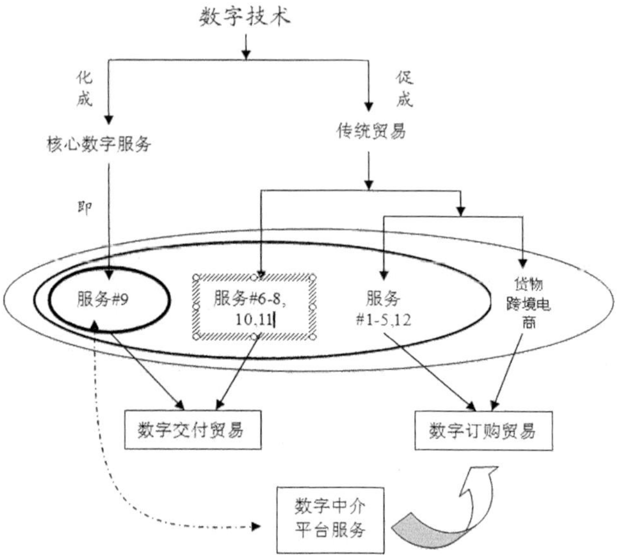

图 4–6“二元三环”架构与《数字贸易测度手册》指标的对应

资料来源：贾怀勤设计。

注：# 表示字码顺序，如 #9 指第 9 类。

无论是“二元三环”架构图（图 4–4）还是“二元三环”与测度指标联系图（图 4–5 和图 4–6），都体现出“测宽聚窄”理念，即在数字贸易测度范畴上持宽口径，将货物的跨境电商包括进去；但是把研究重点聚焦在数字服务贸易上。

（本章撰稿人：贾怀勤）

第五章　中国海关对跨境电商统计方法的探索

一、数字贸易与跨境电商的关系

本书第二章对数字贸易与跨境电商的关系已经有了概述，为了更好地理解对两者的统计测度，这里还是有必要再深入展开阐述。

要说明数字贸易与跨境电商的关系，首先要区分世界海关组织与其他国际组织对跨境电商划定的不同范围，或者说狭义的跨境电商和一般意义上的跨境电商。

（一）贸发会议、世贸组织、经合组织和联合国国际贸易中心的跨境电商涵盖货物与服务

沈玉良（2018）发现贸发会议（UNCTAD）、世贸组织（WTO）、经合组织（OECD）、联合国国际贸易中心（ITC）等国际组织对“电子商务”做出了比较一致的界定。经合组织（2013）所下定义，电子商务是指“通过在计算机网络上为接收或下订单而设计的方法，所进行的货物或服务的销售或购买。货物或服务通过这些方法订购，但货物或服务的付款和最终交付则不必一定通过在线进行。电子商务交易可以在企业、家庭、个人、政府和其他公共或私人组织之间进行。电子商务包括通过网络、外联网或电子数据交换进

行的订单，但不包括通过电话、传真或手动输入的电子邮件发出的订单”①。

在经合组织定义基础上，联合国国际贸易中心（2016）针对所涉交易内容、地域范围等不同维度，就电子商务与传统商务的差异进行了清晰的阐释。从交易标的来分，电子商务区分为货物和服务两大领域；从交易的地域范围和国别属性上看，电子商务可以区分为国内电子商务（Domestic E-Commerce）和跨境电子商务（简称跨境电商）（Cross-Border E-Commerce, CBEC）。根据以上文字的精神，贾怀勤制作了下表，明示电子商务与对外贸易的交叉领域。领域 i 是交易标的为货物的跨境电商，领域 ii 是交易标的为服务的跨境电商。

表 5-1 电子商务与对外贸易的交叉领域

		对外贸易	
		货物	服务
电子商务	跨境电商	领域 i	领域 ii
	国内电商	——	——

资料来源：贾怀勤根据贸发会议、世贸组织、经合组织、联合国国际贸易中心等国际组织关于电子商务概念的精神制作。

（二）世界海关组织（WCO）的跨境电商只涵盖货物

由于海关只对货物的进出口进行监管，海关语境下的跨境电商仅指货物的跨境电商，即表 5-1 的领域 i，也可以将此称为窄口径的跨境电商。

《世界海关组织跨境电商标准框架》② 对跨境电商提出如下四个特征：

① 在线下单、在线销售、在线沟通、网上支付（如果可行的话）；

② 跨境交易和运输；

③ 存在实体货物；

④ 实体货物被交付运往消费者或购买者（商业目的或非商业目的均可）。

---

① OECD 的统计术语词汇表（Glossary of Statistical Terms）关于电子商务的解释，https://stats.oecd.org/glossary/detail.asp?ID=4721。

② 世界海关组织《世界海关组织跨境电商标准框架》，2018 年 6 月，http://www.wcoomd.org。

这四个特征也可以转述为界定狭义跨境电商的三条标准：其一，交易标的必须是实体货物；其二，必须通过在线手段订购；其三，伴随货物运输必须有跨境运输发生。违背第一条，显然与海关管辖相背离。违背第二条，则不成为电子商务。即便是满足前两条，但如果货物在报告国境内流转或在其境外流转，必然不能在报告国海关监管之下，这就背离了第三条标准。

（三）统计意义上数字贸易与狭义跨境电商的关系

由于狭义跨境电商有三个实体介入了贸易，在统计上比传统的国际贸易要复杂一些。这当中促成交易在线订购成功的第三方中介平台（DIPs）提供了平台服务，但是这种服务是否记录为国际贸易，得视 DIPs 与买方和卖方的地域关系而定。

《数字贸易测度手册》提出要测度数字订购贸易、数字交付贸易和第三方中介平台服务三组指标。就数字订购贸易这组指标来说，它与贸发会议、世贸组织、经合组织、联合国贸易中心等国际组织关于电子商务的概念一致，即包括通过数字方式实现订购的货物贸易和服务贸易，而不论其是否数字交付。一个新问题是第三方中介平台服务如何界定，即第三方中介平台服务是否属于跨境提供的服务。这里就为平台是在报告国境内还是境外分开审视，如表 5-2 的 a 分表和 b 分表所示。第一种情况，境内买方与境外卖方的交易记录为货物的跨境电商进口，境内卖方与境外买方的交易记录为货物的跨境电商出口；平台是报告国境内企业，它所提供的中介服务，在以上两种情景中都不计入报告国的第三方中介平台服务。第二种情况（b 分表），境内买方与境外卖方的交易记录为货物的跨境电商进口，境内卖方与境外买方的交易记录为货物的跨境电商出口；平台是报告国境外企业，它所提供的中介服务，在以上两种情景中都计入报告国的第三方中介平台服务。

表 5–2 狭义跨境电商中的数字贸易类型

a. 境内 DIPs 参与跨境电商

		卖方所在	
		境内	境外
买方所在	境内	——	CBEC^{进口}
	境外	CBEC^{出口}	——

b. 境外 DIPs 参与的跨境电商

		卖方所在	
		境内	境外
买方所在	境内	DIPs^{进口}	CBEC^{进口}+DIPs^{进口}
	境外	CBEC^{出口}+DIPs^{进口}	DIPs^{进口}

资料来源：贾怀勤根据手册精神制作

（四）中国跨境电商统计十年发展概述

中国的跨境电商统计理论方法研究和实务探索，在统计范畴上经历了从电子商务统计向跨境电商统计聚焦的过程，在研究选题上经历了由一般理论和方法探究到统计调查策划的过程。

跨境电商业务全链条包括平台、卖家、买家、物流、仓储、支付等诸多参与者，以及海关、税务、外汇管理等政府监管部门，链条各环节均有一定数量的数据沉淀。根据交易主体、交易流向、交易标的、运营方式、监管方式的不同，对跨境电商内涵外延的理解也各不相同。这导致跨境电商统计测度的多主体共存，有多家社会智库和数个政府相关部门都有涉跨境电商的数据采集和发布。

目前各社会机构主要通过收集各个渠道信息对跨境电商进出口规模进行测算，与现有的政府统计在概念认定、统计口径、统计方法上存在明显差异。从调研交流情况看，社会各机构主要以政府定期发布的相关信息、企业公开的财报数据、企业抽样调查数据以及电商平台的外宣信息等为基础，测算出跨境电商进出口规模。这种测算方式难以最大限度地从单一角度采集数据，易导致数据的交叉重叠，造成一定程度的重统或者漏统，难以实现不同数据源之间的交叉验证，也缺乏对数据质量控制所需的行政等手段。

不同的政府部门对电子商务统计会有不同的侧重。信息化主管部门更关注电子商务的技术进步、基础设施建设和人员电子商务知识的普及，以及用户满意度等综合发展水平指标。商务主管部门要推进电子商务，必然也关注综合发展水平指标，但更应以交易额为首要关注对象。综合经济管理部门以研究电子商务对经济推动的效益为重点。从统计的角度来看，交易额不仅易量化，可比较，而且更能直接地反映电子商务的发展水平。

海关，作为货物贸易进出口统计职能机构，也是狭义跨境电商统计监测的责任机关。经过一个不太长时期的探索，海关总署已经形成了制度化的跨境电商统计监测方法和流程。国务院新闻发布会上公布的跨境电商贸易额数据，就来自海关总署。

中国海关的跨境电商统计监测探索走过了十年历程，由依赖进出口报关单开展数据采集的传统方式，到使用多种数据来源的全业态统计。现在，全业态统计方法已经进入了制度化、标准化阶段。

二、海关跨境电商管理平台统计

2012 年 12 月，国家决定全面启动开展跨境电商试点工作。于是 2013 年被业内人士称为“跨境电商元年”。2013 年开展跨境电商试点以来，海关统计部门首先依托跨境电商管理平台探索跨境电商统计体系。

（一）关于对跨境电商实施海关统计的思考

2012 年 12 月 29 日，由国家发展和改革委员会和海关总署在郑州联合召开了“国家跨境电子商务服务试点工作会议”，从而全面启动了跨境电商服务试点工作，将上海、重庆、杭州、宁波和郑州列为第一批跨境电商试点城市。之后，国务院和相关部委纷纷出台跨境电商支持政策，跨境电商自此在中国有了迅猛发展。这也是“跨境电商元年”之说的起源。

在对跨境电商的统计上，各方面有着不同的认识。有一种观点，认为跨境电商进出境商品属于个人物品范畴，不该列入海关统计。而海关统计部门坚持认为，跨境电商零售实质上是国际贸易碎片化的体现，仍然具有跨境贸易的货物特征，应该列入海关统计。对跨境电商实施统计监测和分析，在新时代具有重要意义，它既符合海关合法合规的监管，也有利于国家有关部门对这种新业态发展状况进行分析研判。最终，后一种意见得到采纳。

（二）“清单核放、汇总申报”用于跨境电商零售进出口监管

2014 年，为了贯彻国家关于跨境电商新业态发展的部署，执行跨境电商零售进出口的系列政策，便利企业通关，规范海关管理，实现贸易统计，同时兼顾各方需求，海关总署发布重要公告：增列监管方式“跨境贸易电子商务”（专指“跨境直购”，代码 9610）和“保税跨境贸易电子商务”（即网购保税，代码 1210），用于跨境电商零售进出口货物向海关申报，实施“清单核放、汇总申报”通关模式。

此阶段特点是对跨境电商沿用货物出入境申报方法采集数据，要领可以用“清单核放，汇总统计”八个字来概括。具体操作是：

清单核放——跨境电商企业或其平台将电子订单、支付凭证、电子核对清单等（统称“三单”）传输给海关，电商企业或其代理人向海关提交申报清单，海关核对清单与上述“三单”信息，核对通过的即予放行。

汇总统计——电商企业或其代理人每月 15 日前，将上月结关的申报清单按照同一发货人、运输方式、运抵国、出境关别、最终目的国、商品编码、币制的规则归并金额与数量，汇总形成跨境直购出口报关单向海关申报。海关加总出金额与数量，汇总形成跨境直购出口报关单向海关申报。海关以此作为统计依据。2016 年又增列了“保税跨境贸易电子商务 A”（即网购保税 A，代码 1239）。

（三）“简化申报、清单核放、汇总申报”用于低值跨境电商零售出口监管

2016 年 3 月，杭州海关对中国（杭州）跨境电子商务综试区对不涉及出

口征税、出口退税、许可证管理并且金额5 000元以内的跨境电商零售出口货物不再要求按月将清单汇总申报，还允许在清单中按照4位数商品编码申报，取得了良好试点效果，为海关总署在其他几个试点城市所推广。由直属关统计部门传输至"海关贸易统计综合管理系统"，并在商品目录中增列品目98.04"低值简易通关商品"，作为归类简化申报的跨境电商零售出口。2016年起，国家逐步扩大跨境电商综试区范围。

（四）海关跨境电商管理平台统计的正式确立

2018年2月，海关总署首次公布按照3种监管方式统计的进出口数据，合称"海关跨境电商管理平台统计"。

2020年6月，海关总署增列监管方式"跨境电子商务企业对企业直接出口"（代码9710）和"跨境电子商务出口海外仓"（代码9810），至此海关跨境电商管理平台统计已覆盖网购保税进口、直购进口、一般出口、特殊区域出口、B2B直接出口，B2B出口海外仓等6种跨境电商监管模式，以及9610、1210、1239、9710和9810等5种监管代码，并针对跨境电商业态比较集中的邮快件渠道（监管代码为8639）进行了单列统计。

2020年10月13日，海关总署发言人在国务院新闻发布会上公布，2020年前3季度，通过海关跨境电商管理平台的进出口货物为1873.9亿元，同比增长52.8%。这是第一次正式公布跨境电商管理平台的统计数据。

海关跨境电商管理平台统计对跨境电商统计不包括游离于海关跨境电商管理平台之外的各类交易，并未全面覆盖跨境电商整个业态。

三、海关跨境电商全业态统计

（一）创设跨境电商全业态统计必要性的认识

通过对跨境电商企业调研访谈发现，对一些本属于跨境电商进出口但游离于管理平台之外的各类交易，海关跨境电商管理平台统计未能对之纳统。例如卖家与买家等选择最合适自身需要的通关方式，往往不一定采用跨境电商海关监管方式；又如支付企业不能提供具体跨境电商结算规模，但可以提供佣金等有效信息；再如按照个人物品监管的进出境邮快件包裹中也存在电商货物。如果要全面刻画跨境电商规模，就需要采用管理平台申报以外的方法采集数据，完善和优化跨境电商统计。

对分散在多种物流渠道和通关模式中的外贸新业态，政府监管滞后于跨境电商业态发展。即使在设立跨境电商特定监管代码以后，由于业务习惯、政策因素等多种原因，有些跨境电商货物或物品仍未通过海关跨境电商管理平台申报。

海关传统统计方法单一，数据获取能力不足，而社会智库对跨境电商的测度则严肃性和权威性不足。要优化完善跨境电商统计，既不能仅限于几种特定海关监管方式的范围，也不能泛化到明显不符合跨境电商特征的范围。因此，在遵守国际贸易统计规则，不影响贸易统计完整性和准确性的前提下，可以原有按监管方式分类进行跨境电商统计为基础，综合运用统计调查等统计方法和手段，通过大数据对业态涉及的支付、费用、物流等信息进行交叉验证，从而得出反映跨境电商业态发展的全口径统计数据。统计调查需要打破原有基于行政记录的单一统计资料来源，通过行政记录、平台调查以及资料补充三者相结合的方法，全面统计跨境电商货物或物品的进出口规模，测算出海关跨境电商通关平台、普通货物（包含进口备货仓和出口海外仓）、邮包、快件等各渠道进出境的规模比例。

2017 年始，为提高海关统计数据的完整性，满足政府部门和社会各界的需要，海关总署统计分析司与国家统计局、商务部、外汇管理局等陆续开展联合调研，交换数据和信息，研究跨境电商的发展情况。已将邮快件、边民互市等数据纳入海关统计，为实现跨境电商海关统计全覆盖，开展跨境电商全业态统计奠定了一定的理论和实践基础。

2014 年以来，海关实施跨境电商管理平台统计，2016 年至 2018 年 3 次开展跨境电商全业态统计试点。在总结这些经验的基础上，2019 年海关总署制订了完善跨境电商统计体系的工作方案。

（二）跨境电商全业态统计的方法

根据上述思路，遵循完整性、真实性、创新性和独立性等 4 条原则，跨境电商全业态统计方案设计如下：以电商平台为主要调查对象，综合使用海关行政记录和大数据分析手段，整体测算中国跨境电商规模，对部分维度的数据进行结构化测算，从而能够多维度地、全面地反映中国跨境电商业态发展状况。

1. 统计范围

跨境电商全业态统计范围为：分属不同关境的贸易（交易）主体通过电子商务平台达成交易，在线生成订单，并实际跨境交付的有形货物。由此在物流通关渠道上，跨境电商全业态统计覆盖了通过海关跨境电商管理平台、邮快件渠道，以及通过一般贸易、加工贸易等方式办结海关手续后在网上销售的进出口货物。在业态模式上，跨境电商全业态统计覆盖了 C2C、B2C、B2B2C 等指向消费者的零售模式，以及跨境环节不直接指向消费者的 B2B 非零售模式（以下简称 2C 和 2B 模式）。

2. 统计资料来源

（1）海关行政记录

海关行政记录来自海关跨境电商相关作业系统，主要包括通过跨境电商管理平台的海关特定监管方式数据（监管方式包括 9610、9710、9810、1210、1239），邮快件统计数据（监管方式包括 8639 和 8739），消费品的进出口数据等。

（2）跨境电商统计重点调查数据

作为调查重点，随后有详细阐述。

（3）部分境外平台公开财报数据

收集亚马逊、eBay、Shopee、Wish 等较大规模的境外电商平台的财报数据，获取其 GMV、营收等数据，以此测算其跨境电商结算额。根据大多数企业的财报公布频率，可每季度收集到这部分数据。部分境外企业为半年度财报数据。

（4）支付和物流企业的物流费用和平台费用数据

可通过统计调查手段获取部分支付企业和物流企业，可获得跨境电商行业在货物成本和物流、平台费用等方面的结构化数据。

（5）第三方提供的境外电商平台的结构化销售数据

通过第三方机构获取亚马逊、Wish 等大型电商平台的销售数据，可获得结构化的卖家所在地、商品结构的数据。

3. 跨境电商统计重点调查对象的具体种类

跨境电商统计重点调查对象主要为跨境电商平台企业。根据企业特点，它们可分为 2 类 4 种：

第一类组包括第一种“第三方平台”，第二种“自建 / 自营平台”，它们是为跨境电商提供交易平台的企业，也是跨境电商业态全口径测算整体规模的主要数据来源。

第二类包括第三种“电商服务企业”——为提供物流、通关等跨境电商服务的企业和第四种“电商卖家”——为提供商品，在第三方平台销售的企业。这两种企业的数据主要作为数据验证和结构化分析使用。其中：

企业样本主要通过商务等主管部门掌握的境内跨境电商平台名单、第三方机构提供的在亚马逊等平台销售商品的主要卖家、通过海关跨境电商特定监管方式进出口的收发货人以及业界主要的跨境电商物流服务商来确定（标准为年度进出口值在 5 000 万元以上，或半年 2 500 万元以上的企业）。

4. 跨境电商统计调查的数据内容

在调查表中，企业除了填报整体跨境电商的进出口规模外（企业将销售额折算为进出口金额填报），还需填报以下分项数据：

（1）根据海关通关渠道进行区分，需填报经海关跨境电商管理平台进出口的货物总值以及未经海关跨境电商管理平台进出口的货物总值。

（2）要求企业填报时区分自营进出口和代理进出口。

（3）对境内外销售数据要求进行直营销售和第三方销售的区分，并填报主要销售平台，以便后续去重。

（4）分国别（地区）、商品和境内地区的结构化数据。

上述调查可根据企业数和测算工作量统筹，每半年进行一次。

（三）跨境电商全业态统计进出口货值测算

跨境电商全业态统计对进口和出口分别测算，每个流向都有 3 个数据来源（见图 5-1）。

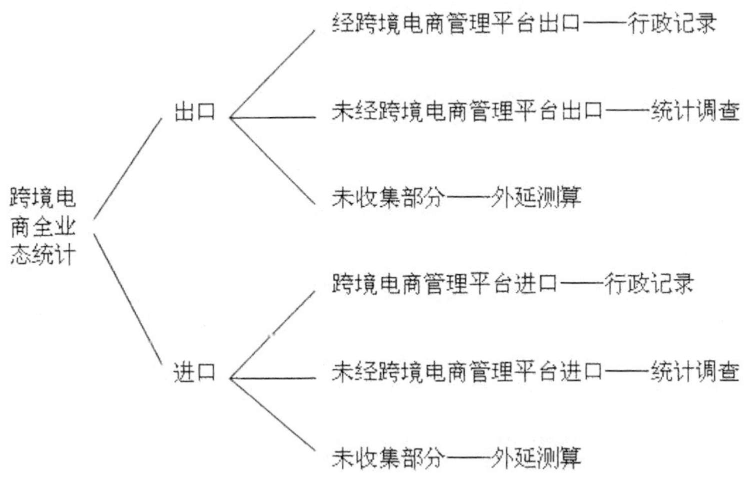

图 5-1　跨境电商全业态统计的数据来源

资料来源：贾怀勤根据相关资料绘制。

1. 跨境电商进口数据测算

测算跨境电商进口规模时主要用到以下数据：海关行政记录数据，即经海关跨境电商管理平台申报的进口数据（下简称“数据①”；通过调查问卷收集上报未经海关跨境电商管理平台申报的跨境电商数据，包括由第三方平台、自营/自建平台的填报数据，包括邮快件渠道的进口数据（下简称“数据②”）。

测算逻辑是：先将海关行政记录数据汇总值V_{i1}（即数据①的汇总），统计调查数据汇总值V_{i2}（即数据②的汇总）根据调研得出的样本企业覆盖率R_{si}，进行同比例测算，再行将两部分累加。得出跨境电商业态全口径进口总值V_i。计算公式如下：

$$V_i = V_{i1} + \frac{V_{i2}}{R_{si}}$$

2. 跨境电商出口数据的测算

企业调研时发现，跨境电商出口仅有部分货物通过海关跨境电商管理平台申报，多数是通过一般贸易方式或邮快件渠道申报出口，难以通过报关单数据予以识别。因此，测算出口规模时，以重点调查采集的境内电商平台数据和境外平台财报数据为基础，以海关跨境电商申报清单和邮快件数据为验证。主要数据包括：

（1）境内主要平台出口统计调查数据V_{e1}

根据调查问卷采集的境内主要平台（包括第三方平台和自营/自建平台）的在线销售货物出口值统计，将其直接累加记为V_1。

（2）境外主要平台财报等公开数据V_{e2}

以亚马逊、Wish、eBay 和 Shopee 等中国出口卖家较多的电商平台的财报数据为基础，结合电商服务企业的平台管理费率、第三方支付服务费率等业界经营数据（用于将在线交易额折算出口 FOB 价格）以及境外平台中方卖家占比、邮快件电商包裹占比等访谈或不定期调查数据等综合测算得出。

以亚马逊财报数据为例，跨境电商出口数据测算过程如下：

在亚马逊公布的财报中，提供了其网上自营商店和第三方服务的营收，这里分别记为S_o和V_t。

同时，根据支付企业提供的中国卖家在亚马逊平台销售商品需支付给亚马逊的佣金、广告费和仓储等费用，据此测算分别约占商品销售价格的 15%、8% 和 3%（2019 年调查数据）等，分别记为 C1、C2……Cn，可以测算在亚马逊第三方销售的商品结算额 Ea1，其公式为：

$$Ea1 = St \Big/ \sum_{t=1}^{n} c_i$$

亚马逊自营部分可直接认为与其销售的结算额基本相等，记为 E_{a2}。

根据第三方提供的亚马逊卖家所在地信息等数据，将中国商品在亚马逊等境外平台销售约占整体跨境电子商务销售的比例记为 R_a，因此中国商品在亚马逊销售的结算金额 $S_1^{'}$ 的计算方法为：

$$S_1^{'} = (E_{a1} + E_{a2}) \cdot R_a$$

同时，可以通过支付企业和物流企业获得卖家在境外平台销售商品中平台费用、物流及清关费用以及税款和其他费用 $C_1, C_2 \cdots C_m$，扣除这些费用，将结算金额折算为 FOB 价 S_a，计算方法为：

$$S_1 = S_1^{'} \cdot (1 - \sum_{i-1}^{m} c_i)$$

eBay 等平台的财报中直接公布其电商交易总额（GMV，简记为 G），由于平台公布的 GMV 中包含了买家撤销交易、退货等情况，这就需要对平台财报公布的 GMV 数据进行折算，折算系数（D）依据第三方机构统计的主要平台退货率进行测算，其他算法与亚马逊的计算方法类似。中国商品比例记为 R，平台费用、物流清关费用和税款等比例合计记为 C，中国商品在 eBay 平台销售的 FOB 价 S_2 记为：

$$S_2 = G \cdot D \Big/ (1 - C)$$

将各平台计算的数据 $S_1, S_2 \cdots S_n$，求和，可得中国在境外主要平台销售商品的出口额 V_{e2}。

$$Ve2 = \sum_{i=1}^{n} s_i$$

（3）境内外平台数据整合

合并境内平台的调查数据与境外平台的测算数据，然后根据调研得出的样本企业覆盖率 Rse，进行同比例测算，得出跨境电商业态全口径出口总值 Ve：

$$Ve=(Ve1+Ve2)/Rse$$

（4）结果验证

对于测算结果的验证主要通过以下方法进行：对比主要平台的市场结构；比较海关进出口货物贸易统计和统计调查结果的逻辑关系；比较外汇管理局的支付数据和统计调查结果的逻辑关系。如：

比对历年头部主要企业（1～2家）的份额变化 ΔP，如果 $|\Delta P|\geq 10\%$，则需进一步验证数据的可靠性；

比较统计调查所得通过海关跨境电商管理平台的总值和海关进出口贸易统计中的对应数据，它们的差 ΔP_1，如果 $|\Delta V_1|\geq 10\%$，则需进一步通过调整样本覆盖率参数等方式来调整结果；

比较外汇数据 V_f、消费品数据 V_c 和测算结果的逻辑，理论上应为 $V_i\geq V_f$，$V_c\geq V_i$。

（四）跨境电商全业态统计分类指标的测算

跨境电商全业态统计的分组具体指标主要包括：贸易伙伴（国别/地区）、商品品类、物流通关渠道、国内地区分布。企业调查时，所需的统计分组指标都是单维度的，无法沿用海关传统统计的超级汇总方式获得交叉维度的结构化数据。测算跨境电商全业态统计的分组指标值，需要在跨境电商进/出口总值基础上，根据各指标维度的调查数据占比计算出各指标维度的分组数值。各分组具体指标的调查计算方法如下。

1. 贸易伙伴（国别/地区）

（1）进口贸易伙伴（国别/地区）测算。在跨境电商平台调查中，要求企业填报国别的结构化数据[①]。测算思路如下：在调查表内剔除电商卖家和电商服务企业部分，可获得特定国别 / 地区的结构化样本值 $M_i^{'}$，再根据比例测算可得出进口贸易伙伴（特定国别 / 地区）的进口值，计算公式如下：。

$$M_i = M_i^{'} \cdot \frac{V_i}{V_i^{'}}$$

式中：V_i 为跨境电商进口测算值；$V_i^{'}$为调查表内剔除电商卖家和电商服务企业后的对应全样本总值。

（2）出口贸易伙伴（国别 / 地区）测算。出口由于调查获取的境内、外平台结构化样本差异较大，因此两部分数据的结构化矩阵分开计算，再进行加权相加：

将调查获得的前两类平台的国别（地区）结构数据记为 M_{e1}，其涉及金额记为 $V_{e1}^{'}$，将调查获取的填报主要平台为境外平台的电商服务企业和电商卖家的结构化数据作为境外平台的国别结构样本，记为 V_{e2}，汇总金额记为 $V_{e2}^{'}$，前面在计算总值过程中已获得了境内样本平台出口值 V_{e1} 和境外平台样本出口值 V_{e2}，由此可计算特定国别 / 地区的出口值 M_e：

$$M_e = M_{e1} \cdot {V_{e1}}/{V_{e1}^{'}} + M_{e2} \cdot {V_{e2}}/{V_{e2}^{'}}$$

2. 商品种类

在总结电商平台主要商品品类基础上，将进口和出口商品品类分为消费品和生产资料两大类，并在消费品下再细分 10 个品类。进口消费品分为食品生鲜，奶粉，纸尿裤，美容化妆、香水及日化洗护，医药医疗，手机、电脑、数码产品、家用电器及周边产品，家居家纺，服饰鞋包，玩具、婴幼用品和其他十类。出口消费品分为服饰鞋包，手机、电脑、数码产品、家用电器及

① 近年来，国家跨境电商进口政策对企业的吸引力较大，进口跨境电商企业的阳光化程度远高于出口，通过统计调查的方式可以覆盖大部分跨境电商平台，未能收集到结构化数据的比重较小。因此，调查获取的数据样本代表性较高，可直接使用。

周边产品，家居家纺，珠宝首饰、钟表、眼镜，玩具、婴幼用品，娱乐运动用品，美容化妆、香水及日化洗护，园艺及各种家装工具，汽车及周边用品和其他十类。

跨境电商全业态统计调查的商品分类依然依据是针对家庭的家庭调查（HS），规则体系。具体来看：从跨境电商货物或物品进出境渠道看，对于B2B交易的跨境电商货物应根据HS规则体系按照进出口货物归类；对于B2C或C2C交易的跨境电商零售进出口商品虽然可以进行简化归类，但简化归类的基础仍遵循HS规则体系；对于行邮渠道的跨境电商物品在纳统时也应按HS规则体系转化。调查时为照顾企业不同的分类习惯，提供HS编码和消费品品类的对应表。消费品的品类和HS编码对应表见本章末附表。

具体的结构化数据测算方法与贸易伙伴相同，不再赘述。

3. 物流通关渠道

目前跨境电商适用的物流通关渠道有3类：第一类是通过海关跨境电商管理平台进出境；第二类是通过邮快件渠道进出境；第三类是通过一般贸易、市场采购等普通货物渠道进出境部分。

对于物流通关渠道的结构化测算，采用行政记录和总值核减的方式，具体计算方法如下：在海关行政记录中直接获取通过海关跨境电商管理平台进出境部分的数据，记为M_1，邮快件进出境部分记为M_2，通过普通货物渠道进出境部分记为M_3。

邮快件进出境部分在海关行政记录中主要分布在两个监管方式内：C类快件（监管方式8739）和跨境电商邮快件（监管方式8639，包括了邮包和B类快件）。根据2018年邮快件包裹跨境电商进出口情况调查结论，确定进出境邮快件包裹中，跨境电商进口包裹占比为80%，出口占比为98%。由于海关对进出境邮快件跨境电商进行统计时，对监管方式为8639的邮快件已按上述比例折算，所以，仅需对监管方式为8739的C类快件中的跨境电商进出口按比例折算。

通过行政记录获得 M_1 和 M_2 后，剩余部分就是通过普通货物渠道进出境部分 M_3，直接用总值扣减可得，记跨境电商进/出口总值为 V，则有

$$M_3 = V - M_1 - M_2$$

4. 国内地区

国内地区指跨境电商的出口地和进口地，其结构化测算的基本方法与贸易伙伴相同，主要通过调查获得相关结构化数据后计算，此处不做赘述。

（五）月度跨境电商规模数据编制和半年度数据修正

为提高跨境电商业态全口径数据的时效性，弥补半年度企业调查相对滞后的缺陷，采用“直接采集”+“间接测算”方法编制当月和1至当月累计的跨境电商业态全口径进出口规模数据。“直接采集”针对的是通过海关跨境电商管理平台进出境总值和通过邮快件进出境部分总值。“间接测算”针对普通货物渠道通关的跨境电商消费品进出口总值。

“间接测算”方法如下：根据半年度测算结果，计算普通货物渠道通关的跨境电商总值占同期消费品进出口总值的占比 R，假定该比例半年内不发生变化，可按此比例测算每月跨境电商通过普通货物渠道进出口的规模。

跨境电商通过普通货物渠道进出口的规模，加上通过跨境电商通关平台进出口部分和邮快件渠道通关部分，即可测算出每月跨境电商业态全口径进出口的数值。计算公式如下：

$$Vt = V_1 + V_2 + V_3 \cdot R$$

其中 V_t 为跨境电商业态全口径进/出口总值，V_1 为通过海关跨境电商管理平台进出境总值，V_2 为通过邮快件进出境部分总值，V_3 为普通货物的消费品进出口总值。

由于跨境电商金额占同期消费品进出口总值的占比 R 为每半年调查所得结果，受到公开财报公布时间等因素的影响，一般会晚于月度测算2–3个月

时间，因此，在每次半年调查测算完成后，会根据新的结果调整已完成计算的历史数据。

目前跨境电商业态全口径月度数据，受限于企业调查频次和平台公布数据时间，仅能做到规模测算。对于具体指标的月度结构化数据尚未找到有效方法加以测算，还有待深入研究，大数据应用等条件成熟后或将实现这一目标。

（六）大数据方法在跨境电商全业态统计中的应用

以电商平台为主要调查对象，使用调查表获取的统计资料，存在以下三方面不足：一是无法大规模获取统计颗粒度较细的数据，无法下沉至较为细化的国内地区，如地市和县市区；二是对规模较小的省，一定概率会被忽略，无法统计这些省的跨境电商规模，不能满足管理的需要；三是受到调查周期的影响，月度数据的结构化测算还无法实现。

鉴于中国跨境电商出口有部分交易是由境外电商平台开展的，采取通过第三方机构获取亚马逊平台的结构化数据，来部分取代通过调查获取的数据，由此可获得出口境外平台的国内地区结构化数据。

亚马逊平台要求卖家提供卖家主体的注册信息，包括其国别、地区、地址等，并在店铺信息内公开，通过第三方机构可以获取亚马逊平台关于可掌握亚马逊上中国卖家的国内地区详细信息，再通过大数据分析获得亚马逊上的卖家地区分布结构。

另外，通过对部分支付企业数据的分析，可以获得一个非亚马逊境外平台的支付信息结构化的样本数据，可以取代非亚马逊平台的结构化矩阵。

于是将分地区测算的数据分为 3 个部分，即：境内平台部分数据，亚马逊部分数据和非亚马逊境外平台数据。分别使用调查数据、第三方机构大数据手段获取亚马逊公开数据和支付样本数据。这样从理论上说可保证出口跨境电商覆盖面的完整，按此分析国内地区的结构化数据。

亚马逊数据在理论上可以按月获取，这使月度实现分地区统计有了实现的可能。具体统计资料的获取为：一是实现境内头部平台的月度结构化数据上报，二是据亚马逊月度数据获取结构化数据，支付企业结构化数据半年一次调查，结构化矩阵半年内保持不变，在每月测算月度跨境电商业态全口径规模的基础上，可实现月度分地区数据的测算。

为提高跨境电子商务全业态统计的时效性，海关探索实施统计快报制度，使跨境电子商务统计的编制频度与传统的海关统计更加协同。快报为初步统计，是在上一期调查资料和进出口货物贸易统计的基础上测算出口总值与进口总值，并衍生编制进出口总值及变动幅度。正式统计则以当期调查资料为基础编制，从货物的通关渠道、贸易伙伴、商品类型、国内地区等多维度反映跨境电子商务发展的全貌，有关数据暂不对外公布。

（七）跨境电商全业态统计的方法创新

跨境电商全业态统计参照国际贸易统计规则，依托统计法律法规体系，采取行政记录、统计调查和模型测算相结合的方法，以平台为主线采集基础统计资料，充分运用大数据和互联网技术，确保了跨境电商统计工作的科学性、可行性、权威性以及宏观延续性。

1. 以平台为主线进行统计资料的收集以避免重统

跨境电商全业态统计以平台为主线，厘清各方数据与平台关系，避免重复采集。例如调查数据收集中：一是确定企业类型，参与计算的为第三方和自建 / 自营两类平台，卖家和电商服务企业不参与总值计算，可有效防止重复统计；二是收集财报等补充数据时，也是以平台为单元采集，防止数据重复采集；三是统计调查中，要求平台企业区分是否通过海关跨境电商管理平台通关进行填报，使行政记录与平台的调查数据可以无交叉重叠地相加。

跨境电商全业态统计中采用的支付、物流等数据，在计算过程中采用相对数值而非直接采用绝对数值参与计算，主要用于系数确定和交叉验证。

2. 企业调查结合境外平台财报数据以避免漏统

跨境电商统计的难点在于如何实现对跨境电商所有参与方和所有环节的全覆盖。跨境电商全业态统计以平台调查为主，辅以收集主要境外平台的财报等数据，以电商卖家和电商服务企业数据进行验证，最大限度避免了数据漏统现象，较好地满足了统计的覆盖面要求。同时，在调查过程中要求企业填报主要的成交平台，也可及时发现潜在的平台漏统风险。

3. 大数据手段和企业调查方式相结合以保证测算的科学合理

跨境电商全业态统计中的重要参数，诸如中国卖家在境外平台的占比，跨境电商销售价格中平台费用、物流费用等，这些数据初期以企业调研、少量抽样结果为主。借助大数据手段，可以有效扩大样本覆盖率，提高测算的可靠性，也可验证数据的准确性。例如，跨境电商销售价格中的各类费用组成，前期以数个企业数据来分析和后期与支付企业数据对比后，分解了部分样本企业的费用组成，结果基本吻合，匹配度较好。跨境电商平台的占比，也可以使用亚马逊卖家销售数据做详细分析，用以验证或者直接获得这一数据。

4. 遵循贸易统计规则以 FOB/CIF 价格确保统计口径的一致性

跨境电商进出口货物在整个链条中，其价格认定根据其交易环节不同，会有差异。比如最终的销售交割中应包含了商品价值、利润、物流费用、税款、平台费用和其他成本支出等，与进出口申报价格和收汇价格都有区别，跨境电商统计作为外贸新业态统计应当与进出口货物贸易统计的标准保持一致。因此，按照贸易统计的规则，进口采用 CIF 价格，出口采用 FOB 价格，将各渠道的价格统一转换至 CIF 和 FOB 价格，保证各环节的价格数据可比。

5. 采用自上而下的测算流程以确保统计项目之间的逻辑自洽

采用先测算整体规模，再分维度测算结构化分项规模，这种自上而下的测算模式与国家国内生产总值（GDP）核算方式类似，可保证分项数据与总值的一致性，同时也保证了宏观统计结果的延续性。同时还能与整体贸易统计数据、消费品进出口数据比对，保证了与整体进出口规模的宏观可比，以准确反映跨境电商业态发展的实际情况。

6. 借助海关网上调查系统以保证数据收集的可行性与权威性

由于存在跨境电商部分企业阳光化意愿不强、实际进出口环节存在大量买单、进出口收发货人数量多、存续时间短等因素，难以用传统人工调查方式直接面向众多电商卖家开展大规模调查，数据收集质量和效率也难以保证，因而采用以平台为主要调查对象的统计调查方案，可有效降低调查的工作量和难度。依托海关网上调查系统和海关统计调查队伍，可有效保证电商平台调查工作的正常开展。

（八）海关总署发布的跨境电商统计数据和监测

2023 年 7 月，海关总署发布 2018 年至 2023 年上半年跨境电商数据。

表 5–3　2018 年至 2023 年上半年跨境电商进出口总体情况表

年份	金额（亿元）			同比增长率（%）			出口进口比例
	进出口	出口	进口	进出口	出口	进口	
2018	10 557	6 116	4 441	–	–	–	1.4
2019	12 903	7 981	4 922	22.2	30.5	10.8	1.6
2020	16 220	10 850	5 370	25.7	39.2	9.1	2.0
2021	19 237	13 918	5 319	18.6	28.3	–0.9	2.6
2022	20 599	15 321	5 278	7.1	10.1	–0.8	2.9
2023 上半年	11 025	8 254	2 771	16.6	20.6	6.2	3.0

资料来源：海关总署网站

以下是海关总署统计分析司的分析。

1. 关于 2023 年上半年跨境电商的统计分析

（1）境外目的地和来源地分析

从出口目的地看，美国占中国跨境电商出口总额的 35.1%，英国、德国、法国分别占 9.2%、6.1%、4.5%，此外还有越南、马来西亚、巴西等新兴市场。从进口来源地看，日本占中国跨境电商进口总额的 21.9%，美国、澳大利亚、法国分别占 17.4%、9.4%、8.2%，来自德国、韩国、意大利等贸易伙伴的货物，也通过跨境电商进入中国市场。

（2）商品类别分析

9 成以上的跨境电商货物为消费品。其中，出口占 95.9%，主要为服饰鞋包、家居家纺、手机等电子产品、家用办公电器等；进口占 95.3%，主要为美妆及洗护、食品生鲜、医药及医疗器械、奶粉等。

（3）境内货源地和消费地分析

跨境电商出口货物主要来自广东、浙江、福建及江苏，合计占比近八成。进口货物的消费地集中在广东、江苏、浙江、上海和北京，合计占比超四成。

2. 关于 2022 年跨境电商的统计分析

2022 年，中国跨境电商进出口规模为 2.1 万亿元人民币，比 2021 年增长 7.1%，占中国货物贸易进出口总值的 4.9%，占比与 2021 年基本持平。

2022 年中国跨境电商主要呈现以下四个特点：

（1）进出口规模再创新高

中国跨境电商进出口规模首次突破 2 万亿元关口。其中，出口 1.53 万亿元，增长 10.1%，占中国出口总值的 6.4%；进口 5 278 亿元，下降 0.8%，占中国进口总值的 2.9%。跨境电商为中国外贸发展注入了新动能。

（2）贸易伙伴更趋多元

从出口目的地看，美国市场占 34.3%，英国占 6.5%，德国占 4.6%，马来西亚占 3.9%，俄罗斯占 2.9%，此外还有新加坡、日本、加拿大、法国，以及泰国、菲律宾、巴西、越南等新兴市场国家。从进口来源地看，日本占中国跨境电商进口总额的 21.7%，美国占 17.9%，澳大利亚占 10.5%，法国占 7.5%，来自韩国、荷兰、德国、新西兰、瑞士、加拿大、英国、印度尼西亚、泰国、越南等贸易伙伴的货物，也通过跨境电商进入中国大市场。

（3）消费品占比进一步提升

出口商品中，消费品占 92.8%，增加 1 个百分点；其中，服饰鞋包占 33.1%、手机等电子产品占 17.1%、家居家纺用品占 7.8%。进口商品中，消费品占 98.3%，增加 1.7 个百分点；其中，美妆及洗护用品占 28.4%、食品生鲜占 14.7%、医药及医疗器械占 13.9%、奶粉占 12.9%。全球越来越多的消费者享受到跨境电商带来的更多选择和便利。

（4）业态发展头部效应明显

广东、浙江、福建、江苏跨境电商业态发展较为活跃。其中，广东占跨境电商进出口总值的43.4%、浙江占13.5%、福建占6.4%、江苏占5.4%，合计占比近七成。海关企业调查显示，超七成企业对2023年跨境电商进出口预期平稳或增长。

3. 关于2021年跨境电商的统计分析

2021年中国跨境电商进出口规模约19 237亿元，比2020年（下同）增长18.6%，占进出口总额的4.9%。其中，出口约13 918亿元，增长28.3%，占总出口的6.4%，占比扩大0.4个百分点；进口约5 319亿元，下降0.9%，占总进口的3.1%，占比减少0.7个百分点。

（1）目的地和来源地分析

跨境电商出口货物主要去往美国、英国、马来西亚、法国、德国、日本、西班牙及俄罗斯等。调查显示，境内平台对欧洲出口减少，对区域全面经济伙伴关系协定（RCEP）成员国出口增加。进口货物主要来自日本、美国及韩国等。

（2）商品构成分析

九成以上的跨境电商货物为消费品。其中，出口占91.8%，主要为服饰鞋包、家居家纺及电子产品等；进口占96.6%，主要为美妆及洗护用品、医药保健与母婴产品及食品生鲜等。

（3）头部效应分析

跨境电商竞争业态继续呈现头部效应，电商平台主要集中在珠三角、长三角及京津地区。出口货物主要来自广东、浙江、福建及江苏，合计占比近八成。进口货物的消费地集中在广东、江苏、浙江、上海和北京，合计占五成。

（九）从海关管理平台统计到全业态统计数据的变化

表5-4列出了海关开展跨境电商统计以来两个不同口径的统计数据。2015—2018年的进出口值，基于海关跨境电商管理平台获得，海关总署没有发布，但是商务部电子商务司逐年编制的《中国电子商务报告》有所披露。

可以看到前后两个阶段的数据不在同一个量级上——以 2018 年为例，全业态统计的进出口值相当于跨境电商管理平台统计的 7.84 倍——数据差异原因本章前文已做了解释。这里将两者绘制在一张表内（见表 5–4），仅为对这种统计口径变化有更为具体的数量认识。图 5–2 以从时间序列折线图的方式展示这种差异和变化。

表 5–4　跨境电商海关管理平台统计到全业态进出口值数据对比

单位：亿元人民币

年份	海关管理平台统计数据	全业态统计数据
2015	360.2	——
2016	499.6	——
2017	902.4	——
2018	1 347	10 557
2019	——	12 903
2020	——	16 220
2021	——	19 237
2022	——	20 599

资料来源：2015—2017 年数据出自商务部相关年份《中国电子商务报告》。2018—2022 年数据出自海关总署网站

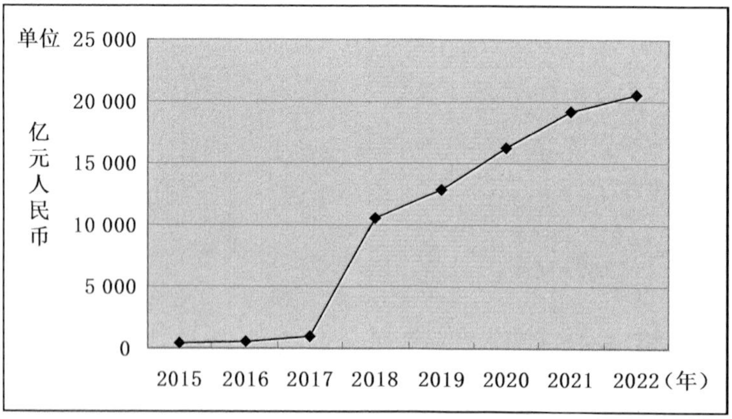

图 5–2　跨境电商统计：从海关管理平台统计到全业态统计的变化

资料来源：2015—2017 年数据出自商务部相关年份《中国电子商务报告》。2018—2022 年数据出自海关总署网站

四、关于海关跨境电商统计开发进程的思考和启示

（一）跨境电商统计在货物贸易统计中的地位和特征

中国海关开展跨境电商统计以来，形成了既有的货物贸易统计与跨境电商管理平台统计和跨境电商全业态统计并存的工作格局。从统计涵盖范畴上说，三者不是并列关系，而是相继包容关系（如图 5–3 所示）。

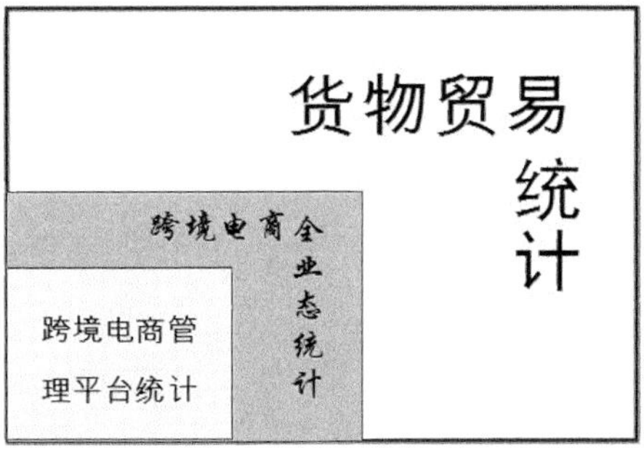

图 5–3　货物贸易统计和跨境电商统计的关系

资料来源：李芊．中国海关跨境电商统计试点（PPT）

1. 三种贸易统计之间的关系

跨境电商管理平台统计、海关跨境电商全业态统计和海关进出口货物统计呈现层级递进包含关系，后者包含前者（见图 5–3）。

（1）跨境电商统计与货物贸易统计的关系

中国海关对跨境电商统计所下定义是：跨境电子商务是指所有通过互联网等计算机网络数字化达成，由此产生了有形货物的移动，并需要办理海关手续的交易。定义中有 3 个要素：第一，在线订购，区别于线下订购的传统贸易；第二，交易标的为货物，区别于服务贸易；第三，货物移动跨越关境，办理海关手续。如此看来，跨境电商以第一要素从货物贸易所属范畴中划出了一个种范畴，因此，跨境电商统计与货物贸易统计是被包容和包容关系。

（2）跨境电商管理平台统计与跨境电商全业态统计的关系

海关跨境电子商务管理平台统计是跨境电子商务全业态统计的有机组成部分，是按照跨境直购等特定监管方式，以报关单及跨境电子商务清单和海关行政记录为原始资料，通过“超级汇总”方法编制的统计数据，可以直观地反映海关对跨境电子商务监管的实际情况，为有效实施海关业务管理、反映国家跨境电子商务零售进出口和B2B出口政策效果提供多维度、高频度的统计数据支持。而海关跨境电子商务全业态统计则聚焦业态发展规模，不限于特定的海关监管方式，不限于特定的进出境通关渠道，也不限于是境内平台成交还是境外平台成交，只要是满足“订单在线生成”这一条件的跨境货物，均列入统计范围，通过采集行政记录、开展样本企业调查、搜集相关资料等方法综合编制统计数据。

2. 跨境电商管理平台统计与跨境电商全业态统计在方法和功能上的差别

跨境电商管理平台统计实行“清单核放，汇总统计”，归根结底是要通过报关申报单来采集进出口数据，这与原本存在的货物贸易的统计数据采集方式不存在本质性区别。由于跨境电商管理平台统计和货物贸易统计的数据采集方式相同，因此凡货物贸易统计能产生的分组数据，平台统计也能够产生。

而跨境电商全口径统计则在申报之外，采用了其他多种调查方式。与海关跨境电子商务管理平台统计相比，海关跨境电子商务全业态统计体现了跨境电子商务在整个进出口贸易活动中的份额及增长情况，更加符合国务院及有关部门的数据使用需求，能更好地服务于国家跨境电子商务发展。但是截止到目前，这种统计所获取的数据只满足某些商品分类和地域分类的单向分组，其细分功能不能达到跨境电商管理平台统计和货物贸易统计的交叉分组。

（二）海关跨境电商统计开发进程的启示

1. 社会智库对跨境电商的测度对官方跨境电商统计有促进和借鉴作用

与传统贸易的官方统计“数出一门定乾坤”不同，数字贸易和电子商务的测度是社会智库先行探索，有关主管部门或与智库合作发布数据，或受智库促动开展其统计工作。这个局面的大背景是，无论国外还是国内，业务发展远超前于统计测度，业态的复杂性和迅速变化使得智库和有关部门对测度对象的业务概念和统计口径认识不一且不断深化，所用的数据采集方法和指标核算方法亦不尽相同。

《中国电子商务报告》系列的电商规模数据主要是依靠社会智库的调查和测算，其中的跨境电商规模数据在 2014 年以前也是如此，只是随着海关总署试建立跨境电商统计体系，从 2015 年才开始引述海关数据。尽管海关总署启动了跨境电商统计，并首先通过《中国电子商务报告》系列披露数据，但社会智库还在开展跨境电商的测度，并以此为业界提供信息咨询。从测度结果看，由于业务概念差异和指标口径不同，他们测算出来的跨境电商规模远大于海关统计。

社会智库的测算结果在一定意义上对海关跨境电商统计工作的促动作用，是使得它不断调整统计范畴，改进和完善统计方法。

2. 货物数字贸易统计内部关系对服务数字贸易统计建设的借鉴作用

海关总署统计部门对货物贸易统计、跨境电商平台统计和跨境电商全业态统计三者之间关系的处理，可以为商务主管部门开发数字贸易统计制度所借鉴，具体在三者间涵盖范畴的关系定位和三者统计指标的包容。

3. 海关跨境电商统计与世贸组织“数字订购贸易”测度的关系

世贸组织、经合组织和国际货币基金组织 2020 年 3 月发布的《数字贸易测度手册》提出要对“数字交付贸易”和“数字订购贸易”以及“数字中介平台服务”开展测度。这里的“数字订购贸易”，既涵盖通过数字方式达成的货物贸易交易，也涵盖通过数字方式达成的服务贸易交易，与相关国际组织的电子商务涵盖范畴一致。“数字中介平台服务”则是专门测度在跨境电商中中介平台所提供的服务价值。

表 5–5 跨境电商出口主要消费品品类统计代码及名称

代码	主要类目	涉及主要商品编码（不完全列名）	说明	商品举例
01	服饰鞋包	42, 4303, 61, 62, 64, 65	包括各种材料的服装、鞋、帽、箱包，但不包括婴儿服装	如：化学纤维制男、女士上衣、皮鞋、运动鞋、帽子、皮手袋、行李箱等
02	手机，电脑，数码产品，家用电器及周边产品	8471, 8508, 8509, 8510, 8516, 8517121,8518, 8519, 8521, 85258, 8528, 9006	家用电器包括厨卫电器，生活电器等	如手机、手机壳、电话机、笔记本、游戏本、平板电脑、台式电脑、吸尘器、榨汁机、搅拌器、电动剃须刀、电动毛发推剪、热水器、电吹风、电饭锅、咖啡机、音响、麦克风、DVD、照相机、电视机等
03	家居家纺	7113, 7116, 7117, 9101–9106, 9003, 9004, 90013。	包括贵金属或包贵金属制的首饰，贱金属制的仿首饰	如：金戒指、银手镯、珍珠项链、钻石项链、胸针、手表、闹钟、眼镜架、太阳镜、隐形眼镜等
05	玩具、婴幼用品	6111,6209 8715, 9503	婴幼用品包括婴幼儿服装、婴孩车，但不包括奶粉、纸尿裤	如：棉制婴幼儿服装、玩偶、智力玩具、婴儿手推车、安全座椅及垫等
06	娱乐运动用品	9504–9507, 8712	包括户外运动用品、游乐设施、运动器械、自行车等，圣诞节用品	如：游戏机、扑克牌、棋类、圣诞树及彩灯、圣诞帽、羽毛球拍、篮球、溜冰鞋、山地自行车、钓鱼用品等
07	美容化妆、香水及日化洗护	3303, 3304, 3305, 3306, 3307, 3401, 3402	包括化妆品、美容护肤品以及日化洗护用品	如：润唇膏、眼霜、面膜、爽肤水、精华素、洗发水、护发素、洗面奶、香水、花露水、洗洁精、洗衣液、肥皂、沐浴露、牙膏、牙线、牙刷（包括电动牙刷）等
08	园艺及各种家装工具	3925, 4418, 4814, 6904, 6907, 8201, 820210, 8203, 8204, 8205, 8206, 8301, 8302, 8544	包括门窗、砖等家居装修材料、家具零件和各类家用手动工具	如：门、窗框架、木地板、陶瓷制的铺地砖、修枝剪、螺丝刀、扳手、贱金属制的门锁、门铰等
09	汽车及周边用品	8701–8714, 94012, 85258039, 90148000	包括汽车用零部件、附件及周边用品	如：方向盘、行车记录仪、车载导航仪、汽车香水、汽车坐具（不包括婴幼儿安全座椅及垫）等
10	其他			

资料来源：杭州海关统计处

表 5–6 跨境电商进出口主要消费品品类统计代码及名称

代码	主要类目	涉及主要商品编码（不完全列名）	说明	商品举例
01	食品生鲜	02, 03, 04, 0504, 07, 0801–0811, 0813, 09, 1104, 1504	包括动物食用产品、蔬菜水果、茶叶、谷物产品、糖果、咖啡、保健食品、烟酒等	如：鲜冷冻猪肉、海鲜、麦片、饼干、深海鱼油、维骨力、复合维生素、叶黄素等
02	奶粉	1901101	零售包装的奶粉，包括婴儿奶粉和成人奶粉	
03	纸尿裤	9619001	包括婴儿和成人纸尿裤	
04	美容化妆、香水及日化洗护	3303, 3304, 3305, 3306, 3307, 3401, 3402	包括化妆品美容护肤品以及日化洗护用品	如：润唇膏、眼霜、面膜、爽肤水、精华素、洗发水、护发素、洗面奶、香水、花露水、洗洁精、洗衣液、肥皂、沐浴露、牙膏、牙线、牙刷（包括电动牙刷）等
05	医药医疗	30, 9018, 9019, 9020, 9021	包括治疗用的药品和医疗器械等，但不包括保健食品	药品如：幸福伤风素等 医疗器械如：颈椎治疗仪、血压计、按摩器、助听器等
06	手机、电脑、数码产品、家用电器及周边产品	8471, 8508, 8509, 8510, 8516, 8517121,8518, 8519, 8521, 85258, 8528, 9006	家用电器包括厨卫电器、生活电器等	如：手机、手机壳、电话机、笔记本、游戏本、平板电脑、台式电脑、吸尘器、榨汁机、搅拌器、电动剃须刀、电动毛发推剪、热水器、电吹风、电饭锅、咖啡机、音响、麦克风、DVD、照相机、电视机等

续表

代码	主要类目	涉及主要商品编码（不完全列名）	说明	商品举例
07	家具家纺	3922, 3924, 4419, 46, 4818, 6301, 6302, 6303, 6304, 6306, 6307, 6308, 6910–6912, 7013, 7321, 7322, 7323, 7324, 7418, 7615, 8210, 8211, 8212, 8213, 8214,8215, 94013–94018, 9402, 9403, 9404, 9405, 9617	包括各种材料制的厨具、卫浴用品、餐具、家具、寝具、灯具等（不包括家用电器），家用纺织品	如：马桶及盖、餐具、毯子、毛巾、床单、毛巾被、桌布、窗帘、床罩、蚊帐、帐篷、抹布、餐巾、杯子、保温杯，台灯、燃气炉灶、绢花、茶几等
08	服饰鞋包	42, 4303, 61, 62, 64, 65	包括各种材料的服装、鞋、帽、箱包，但不包括婴儿服装	如：化学纤维制男、女士上衣、皮鞋、运动鞋、帽子、皮手袋、行李箱等
09	玩具、婴幼用品	6111, 6209, 8715, 9503	婴幼用品包括婴幼儿服装、婴孩车，但不包括奶粉、纸尿裤	如：棉制婴幼儿服装、玩偶、智力玩具、婴儿手推车、安全座椅及垫等
10	其他			

资料来源：杭州海关统计处。

（本章撰稿人：陆海生、张建国、方正和贾怀勤）

第六章　指导数字贸易测度近期研究的融合比法

本着“测宽聚窄”的理念，在第五章阐述货物—跨境电商统计之后，本章和下一章聚焦于数字服务贸易的测度。本章重点是阐述数字服务贸易测度的融合比法，第七章介绍几家智库的试测度做法和发现。

一、数字经济的宽窄概念和统计测度发展进程

融合比法是开展数字贸易试测度的基本方法，而试测度体现了“以学促官”的发展进程，最终还是要从试测度走向制度化的统计。可以拿数字经济规模研究“以学促官”的进程来对照数字贸易规模研究“以学促官”的进程，以此加深对后者的理解。这样做的理由在于，一是数字贸易源于数字经济，二是这两个进程极为相似。

（一）数字经济概念与数字经济测度范畴

当下有多家智库发布各自的数字经济规模测度结果，其结果有相当大的差异。论及结果的不同的原因，首先是对数字经济的概念持不同的理解，其次是使用不同的测算方法。

1. 数字经济的概念

数字经济曾经存在窄概念和宽概念的分歧。窄概念主张数字经济指数字

技术硬件和软件（计算机通讯和其他电子设备制造业，电信广播电视和卫星传输服务、互联网和相关服务、软件和信息技术服务等）的生产、供给和使用——通常称为“数字产业化”；宽概念主张数字经济除了数字产业化外，还应包括数字技术和数字资源在传统产业中的应用活动，即数字技术对传统产业的赋能而生成的产品的生产、供给和使用——通常称为“产业数字化”。

2. 数字经济统计测度研究的“两步走”主张

关于数字产业化部分的规模测度，各方面的主张基本一致：可以从国际经济核算体系中把数字技术硬件和软件的增加值加总得到，分歧仅在于产业分类表中哪些类应该列入统计。

学术界的主要分歧围绕产业数字化测度而起。一些学者虽然承认其必要性，但是认为目前不存在从三次产业增加值中把数字技术赋能所获增加值区分出来的条件，主张暂不对这部分进行统计，许宪春是这种主张的代表。许宪春（2020）认为目前不具备产业数字化的核算条件。另一些学者指出，虽然依据现行产业分类体系不能识别数字技术对传统产业赋能所获增加值，但是可以通过其他方法测算这部分增加值。

鉴于以上关于产业数字化测度的分歧，有学者提出“两步走”主张。“数字经济核算是一个宏大的主题，其涉及范围之广、发展速度之快导致难以准确捕捉”，罗良清等（2021）主张数字经济核算 / 测度方法的短期与长期区别定位。他们指出：“短期来看，需注重核算系统的灵活性，要能够适应数字技术催生新事物的快速发展；而长远看，数字经济给社会经济活动各方面带来深刻影响，对此需要更高层次的数据颗粒，以衡量任一场景下的数字经济活动。”

（二）宽窄口径语境中三种不同代表性测度结果

基于数字贸易的窄口径或宽口径概念，一些学者和智库分别对中国数字经济的规模开展了测度。其中以许宪春、中国信息通信研究院（简称信通院）和中国社会科学院数量经济与技术经济研究所最具代表意义。表 6–1 将三种主张及其测度实践进行对照。

表 6–1　国内对数字经济的不同测度主张与实践

研究者	测度方法	对GDP占比
许宪春团队	常规 GDP 核算	向 10% 逼近
中国社会科学院数量经济与技术经济研究所	增长核算 倒推规模	向 20% 逼近
中国信息通信研究院	技术经济 生产函数模型	向 40% 逼近

资料来源：贯怀勤根据相关文献归纳而成。

许宪春团队从数字经济狭义概念出发，使用常规的 GDP 核算办法，测度数字产业化的增加值在 7% 左右。信通院和中国社会科学院数量经济与技术经济研究所同样是对广义数字经济进行测度，因其统计数据采集口径不同，测算方法不同，得到不同结果。后者的测度结果——2019 年中国“数字产业化和产业数字化两部分规模相当，分别为 84 060.3 亿元和 86 233.2 亿元”，测得数字产业增加值对 GDP 占比 17.2%。而前者测度结果两部分的比例是 1∶4；对 GDP 占比是 36.4%。江小娟（2020）主张数字经济由数字产业化和产业数字化两部分构成，她指出“这两部分中产业数字化占大部分，大概占数字经济的 4/5 或者 3/4”，换言之，两部分比例是 1∶5 或 1∶4。这与信通院的数据接近。

表 6–1 第三栏“对 GDP 占比”的数据是取截止到 2021 年的数据。

所谓“向 ××% 逼近”的提法是为了使读者对不同研究者的测度结果有个粗略的印象。

此外，中国信息化百人会采用生产法核算与效率提升测算相结合的方法。腾讯研究院利用面板数据，估算“互联网 + 数字经济指数”与 GDP 之间的回归系数，推算数字经济增加值。这些成果都为宽口径的数字经济规模测算作出了贡献。

（三）数字经济测度研究的近期成就和中远期展望

1. 信通院等估算能在一定程度上满足对数字经济规模数据的需求

信通院和其他智库使用技术经济等非统计调查方法开展产业数字化增加

值测算，从近期看在一定程度上满足了政府和公众对宽口径数字经济规模数据的需求，从中长期看它促进了国家统计核算部门对数字经济统计监测体系的研究，起到了“以学促官”的作用。

信通院最早提出数字产业化和产业数字化概念，精炼而科学地概括了数字经济核心产业和数字技术和数据信息与传统产业相融合。这对中国的数字经济学术研究和产业发展具有重要指导作用。信通院最早提出数字经济新型经济社会形态说，有助于推动整个社会的数字化转型认识。

信通院使用生产函数模型，对传统三次产业中与数字技术融合的部分测算其经济规模，最早实现了数字经济的实测。他们的测算方法和测算结果受到学术界和政界广泛重视，也得到了相当大程度的认同。2017 年《光明日报》引用信通院的测度结果，说：“2017 年中国数字经济规模已达到 27.2 万亿人民币元”。① 其他官方媒体曾多次引用其数据。中央广播电视总台新闻节目在回顾 2020 年全年经济发展时指出：“今年数字经济占国内生产总值比率近四成。”②。2022 年 12 月 21 日中央广播电视总台新闻联播报道中国数字经济发展成就，指出“从 11 万亿元增长到超过 45 万亿元，十年间，中国数字经济规模跃上新台阶，为经济社会发展提供了强大动力。”③ 有评论说，在产业数字化测度方面，信通院的起步最早，投入最多，研究最持续，数据最系统，影响也最大。

有批评说基于广义数字经济概念的测度不能与国际接轨。贾怀勤认为此议有失偏颇。联合国贸发会议（UNCTAD）把数字经济划分为数字部门、数字经济和数字化经济三个层次。国内所谓的数字产业化大体与贸发会议的数字部门和数字经济两个层次对应，产业数字化大体与贸发会议的数字化经济层次对应。中国在数字经济和数字贸易方面，几乎与西方发达国家跑在同一

---

①《光明日报》2018 年 5 月 27 日 05 版“2018 年数博会专题报道”。

② 中央广播电视总台 2020 年 12 月 15 日“新闻联播”节目。

③ tv.cctv.com/2022/10/21/VIDEJyoadJUV2b6u7Mp5QwTP221021.shtml。

个阵列里。因此，无论是经济贸易规则和经济统计制度与方法，都不应该再是以往那样的单向的“国际接轨”，而是可以发出中国自己的声音，为国际社会作出自己的贡献。中国这么大的经济体量，这么宽广的理论创新基地，西方发达国家没有提出来的，中国完全可以提出来，只要是“科学、可比”即可。

2. 数字贸易统计测度研究的中远期展望

信通院的测度结果也存在着明显的改进余地，它没有给出数字产业化内部结构的具体数据，因此不能在产业细分基础上刻画数字产业的分布状况、贡献和发展态势。这是由于它使用技术经济方法，是宏观层次上的测算，尚未做到产业细分。

国家统计局组织研发“数字经济及其核心产业统计分类”（简称“数字经济分类”），于 2021 年 5 月 27 日正式发布，自公布之日起实施。

贾怀勤认为信通院的方法适应中国数字经济发展对测度数据的近期需求；国家统计局“数字经济分类”旨在增大数据颗粒度，以期满足对数字产业化和产业数字化行业细分增加值核算的需求。以“数字经济分类”指标体系为基准，采集和整理数字经济增加值数据，是中期所要达成的目标。对数字经济各种特征维度进行核算，测度其内部结构各种比例关系，有待于数字经济卫星账户的研制和不断完善，乃是远期努力方向。

已有一些专家对编制数字经济卫星账户做了探讨。其中供给表和使用表是账户的关键表，两表的编制可以整理出“两化”区分和行业细分的各种产品供给与使用数据，包括进口和出口数据，就此可以实现数字贸易的深度核算。需要认识到，两表中的进口和出口与现在数字贸易测度中强调的数字订购 / 交付 / 第三方平台促成的概念有所不同，但不失为对数字贸易价值角度的一种衡量在具体架构上。有主张与经合组织三特征（数字订购、数字交付与第三方平台实现）接轨的，也有不特意考虑三特征，将产业部门分为基础产业和融合产业，将产品分为数字产品和数字化产品的。

“数字经济分类”的发布，标志数字经济的统计测度研究从原来所说的近期迈入了中期。对于中远期研究和统计测度实务，贾怀勤的建议是：

（1）“数字经济分类”的出台，为在产业细分层次对数字经济进行核算/测度提供了指标框架，如果再进一步解决好细分产业，特别是“产业数字化”部分的数据获取方法，就能提供基于科学分类的较为完整的数字经济规模数据。

（2）对卫星账户的账户设置和账户内指标设置开展深入研讨，以期为国家统计局研制数字经济卫星账户提供充分的依据。

（3）信通院和中国社科院数量经济与技术经济研究所等智库，可以继续发挥“以学促官”的作用。近期可以延伸发布其测度结果，以产业细化测度为努力方向；从中远期看，研究如何与数字经济卫星账户的研制相衔接。

二、研究中国的数字贸易测度方法必须回答的两组基本问题

（一）关乎数字贸易测度范畴的两个初始性问题

在数字贸易测度范畴问题上，需要回答两个初始性问题。

第一个问题，就窄概念的数字贸易而言，可数字交付服务是否可以被视为实际数字交付服务的替代指标？如果对这个问题的回答是肯定的，则没必要探讨数字服务贸易测度方法，直接把UNCTAD的可数字交付服务统计数据拿来用就是了。

国务院发展研究中心对外经济研究部和中国信息通信研究院在提出两者

在概念上的区别的同时，也指出它们增长趋势信息基本一致[①]。

第二个问题，就宽概念的数字贸易而言，在中国，货物—跨境电商的统计由海关负责，并且已经初步建立起来了一套有效的数据采集方法，与之对应的服务—跨境电商即通常所谓的服务数字订购该如何测度？如果我们对数字贸易持窄概念，海关的货物—跨境电商统计与我们无关，也没有必要考虑服务数字订购如何测度。

我们先来审视第一个问题。本书第二章和第三章就此进行了初步的探讨，指出《数字贸易测度手册》给出了两种观点：一是贸发会议中某些专家，认为可数字交付服务可以作为实际数字交付的代理变量；二是欧盟认为可以由专家对实际数字交付服务占可数字交付服务的比率提出判断。究竟同意哪种观点？这里有个关键问题，即可数字交付服务的范畴。

贸发会议在哥斯达黎加和印度做了企业调查。该调查把 BOP 服务第 6 ～ 11 类都作为可数字交付服务，这当中既有数字核心服务（第 9 类），也有数字技术替代赋能服务（第 6 ～ 8 类和第 10 ～ 11 类）。基于这样分类，贸发会议的企业调查看到实际数字交付服务对可数字交付服务的比率非常高，从而得出“可数字交付服务可以作为实际数字交付的代理变量”的结论。

美国商务部经济分析局的格里姆法是把 BOP 服务第 9 类“计算机、通信和信息服务”单列出来，它完全可以实现数字交付；把第 6 ～ 8 类和第 10 ～ 11 类称为可数字交付服务。这 5 类服务的实际数字交付所占比率未必有上述两国调查的那么高，因此就不能够以可数字交付服务代替实际数字交付服务了。

---

① 两机构编撰的《数字贸易发展与合作报告 2023》第 2 页底注②中写道：“世界贸易组织测算的数字交付服务贸易数据与 UNCTAD 的可数字交付服务贸易数据，存在一定的差异，从指标内涵看，前者是实实在在通过数字化交付的服务，后者包含一部分可数字化交付但尚未数字化交付的服务；从具体数值看，前者数字略小于后者，但呈现出的增长趋势信息基本一致。”

贾怀勤的主张与格里姆法一致，在程序上把 BOP 服务第 6 ～ 11 类都作为可数字交付服务，除第 9 类服务的可数字交付服务可视为等于实际数字交付服务，对其余 5 类服务的实际数字交付服务在可数字交付服务中的比率（数字实交比）得分别开展调查。

再来审视第二个问题。由于我们的“认窄识宽”视角，将货物—跨境电商纳入数字贸易测度范畴，这就必然把关注的问题扩展到服务贸易全部 12 类上。从理论上看，这 12 类服务都可能被数字技术赋能产生实际数字赋能服务，因为其赋能着力点不同，对第 6 ～ 11 类服务是使其能够在线交付，对其余 6 类服务是使其可以在线订购。

（二）如何在现有经济统计数据集之外获取数字贸易数据

现有经济统计数据集能否直接提供数字赋能贸易数据？对这个问题的回答是否定的。

传统的贸易，包括货物贸易和服务贸易，其贸易规模的统计都属于国家经济统计的组成部分，由专门的统计机构负责，再纳入国际收支的经常项目统一核算。而它们的统计方法又是由国际组织的统计规范确定的，各成员经济体结合自己国情具体实施。数字贸易是数字技术贸易化和贸易数字化的成果，它的贸易规模应该体现在货物贸易和服务贸易统计中。但问题是，现行统计指标并不能将“两化”部分与传统贸易部分区隔开来，其使用的数据采集方法在数字贸易数据的采集上也显得“力不从心”。这就要求国际社会和各国开发新的指标和统计方法，以满足数字贸易规模测度的需求。

货物—跨境电商的数据采集方法（在第五章有阐述）依赖于海关开发的新的数据采集方法。本章的任务就是寻求测度实际数字赋能服务贸易额的方法。直接针对实际数字赋能服务开展全面调查，是一种方法，然而在近期内开展这样的调查条件尚不具备；通过调查获取企业样本实际数字赋能服务贸易额对潜在数字赋能服务贸易额的占比，再以此推算宏观层面的实际数字赋能服务贸易额，近期可以做到，不失为一种可行的方法。

如何获取实际数字交付服务贸易额就成了数字贸易测度的关键，国内外对此问题的探索起步不久，关于这个领域的文献极少。

已经开展的试测度都是在现有经济统计调查之上做附加的企业直接调查。具体做法分为两种：一是直接采集实际数字交付服务贸易额，如贸发会议在印度、泰国和哥斯达黎加进行的小样本企业调查，在一些服务品类上有所获，且呼吁成员国自愿开展这项调查（贸发会议，2018）；二是采集数字实际交付贸易额占数字可交付贸易额的样本比率，再由此比率估算总体的实际数字交付服务贸易额。如：美国商务部经济分析局植入在服务贸易调查问卷中的实交比调查（贸发会议，2018），还有中国商务部在服务贸易重点联系企业框架上所做的实交比调查。但是都未曾见到两家有调查结果发布。

方元欣和岳云嵩根据《数字贸易测度手册》介绍的数字贸易的测度方法，对中国的数字贸易测度做了初步研究。

通过上述文献回顾，有两个问题显现出来，需要我们回答。问题一：如何参照前述几种数字贸易涵盖范畴，确立最有利于中国数字贸易发展，且与国际上数字贸易测度方法相接轨的数字贸易概念和指标架构？问题二：既然数字实际赋能服务贸易额是数字潜在赋能服务贸易额的子集，而这个子集又不能在现有国民经济综合统计和部门统计中直接显示，那中国如何获取数字实际赋能服务贸易数据？

2018 年，贾怀勤首次倡导开展融合比法的数字贸易试测度作为近期研究工作，这是考虑到当时世界主要经济体都在探索数字贸易统计测度方法，中国在这一项目上应该较快地采集到本国的数字服务贸易数据，这样一方面可以为政府业务主管部门和研究者提供一个大致可以参考的规模印象，另一方面可以向国际社会贡献一种测度方法。

（三）数字技术与服务相融合的观念

Borga 和 Koncz-Bruner（2012）提出了信息通信技术（ICT）赋能服务的

概念，将之定义为“信息通讯技术对其跨境贸易起到重要作用的服务”，并指出，贸发会议确定国际收支表中服务子项的通讯服务，保险，金融服务，计算机和信息服务，专利和特许费，其他商务服务和个人、文化与娱乐服务属于信通技术赋能服务；美国商务部经济分析局发布的服务贸易统计对应通讯服务，保险，金融服务，专利与特许费和商务、专业、技术服务（建筑除外）。Borga 等人整理出 1998—2010 年美国信通技术赋能服务出口 / 进口额占同期私人服务出口 / 进口总额的比率。美国 BEA 专家格里姆（Grimm）（2016）把服务贸易分为信通服务、潜在信通技术赋能服务（potentially ICT-enabled services）和非信通赋能服务，其中通讯、计算机和信息服务中的前两项，知识产权使用中的计算机软件均属于信通服务；通讯、计算机和信息服务中的后一项，保险服务，金融服务，知识产权使用中除计算机软件之外的其他品类，其他商务服务中的研发服务，专业和管理咨询服务，建筑工程服务，工业工程服务，培训服务，其他商务服务，均属于潜在信通赋能服务；维修服务，运输服务，旅行服务（教育除外），建筑施工，采矿，经营性租赁，贸易相关服务，体育和演艺均属于传统服务，即非信通赋能服务。根据该分类，格里姆从现有的国际收支表的服务子项中核算数字贸易的进、出口额和贸易平衡。

贸发会议和美国商务部经济分析局分别探索实际数字交付服务的测度，但是当时使用的术语并不一致。在不太长的时间内先后出现过三对术语。首先是格里姆是使用的潜在信通技术赋能服务和实际信通技术赋能服务。接着有贾怀勤（2018）出于对数字技术与贸易融合的认识，受美国商务部经济分析局潜在信通赋能服务的启发，提出数字技术可融合服务（并建议其英译文为 DT-integratable services）和数字技术已融合服务（并建议其英译文为 DT-integrated services）这对概念。最终归于国际社会通用的可数字交付服务和实际数字交付服务一对表述。表 6-2 给出了以上所说的三对表述词语。

表 6–2 有关窄概念数字贸易的三对不同表述

关键词	成对表述	代表性出处
信通技术（Information & Communication Technology，ICT）；赋能（to enable）	信通技术潜在赋能服务（*potential* ICT-enabled services）	Borga 和 Koncz–Bruner（2012）；Grimm（2016）
	信通技术*实际*赋能服务（*actual* ICT-enabled services）	
数字技术（Digital Technology，DT）；融合（to integrate）	数字技术可融合服务（DT-integratable services）	贾怀勤和刘楠（2018）
	数字技术已融合服务（DT-integrated services）	
使用数字手段（Digitally）；交付（to deliver）	可数字交付服务（digitally deliverable services）	贸发会议（2019）；商务部研究院服务贸易研究所（2020）
	实际数字交付服务（digitally delivered services）	

注：第一对和第三对表述是从国外引入到国内，英文词是原表述，中文词是本文翻译用的表述。第二对是贾怀勤首先使用的，中文词是原表述，英译文是本文翻译用的表述；信通技术赋能服务在最初并未提出“潜在”和“实际”的概念，这两个词用斜体字表示是后来加上的。

资料来源：贾怀勤根据有关资料整合制表

需要指出，贾怀勤提出的“数字技术可融合服务”和“数字技术已融合服务”这对概念宽于表 6–2 中另外两对概念。那两组概念都是从数字贸易窄范畴出发提出来的，针对的是 BOP 服务第 6 ～ 11 类。而贾怀勤提出的这对概念具有可扩展性，起初也是只针对 BOP 服务第 6 ～ 11 类，后来其对象扩展延伸到全部 12 类服务，为宽范畴的数字贸易测度而用。

三、数字贸易测度融合比法

（一）融合比的概念

融合比这个概念与数字技术可融合服务和数字技术已融合服务这对概念

一同提出，它指在数字可融合服务中数字技术已融合服务所占比率。由于各类服务与数字技术融合的程度不同，需要给每一类服务测定一个融合比。此外，由于业务分为进口和出口，每一类的融合比也分为进口和出口。

进口融合比的公式如下：

$$R_i^M = \frac{DTedS_{Mi}^P}{\mathrm{DTableS}_{\mathrm{Mi}}^{\mathrm{P}}} \qquad （式6–1）$$

式中：

等号左边，R 表述宏观的融合比，上标 M 表示进口，下标 i 表示服务分类序号；

等号右边，分子是数字技术已融合的某类服务（DT–integrated services）的进口，分母是数字技术可融合的某类服务进口（DT–integratable services）。上标 P 表示总体，下标 M 表示进口，i 是服务类别的序号。

出口融合比的公式如下：

$$R_i^X = \frac{DTedS_{Xi}^P}{DTableS_{Xi}^P} \qquad （式6–2）$$

式中：X 表示出口，其他符号代表意义同公式 6–1。

如果具备宏观层面上的各类数字技术可融合服务进 / 出口值和数字技术已融合服务服务进 / 出口值，使用公式 6–1 和 6–2 可以计算出各类服务的进 / 出口融合比。此时，融合比的作用仅在于刻画各类服务与数字技术的融合程度。然而实际情况是，从现行经济统计体系不能直接提取到宏观层面的数字技术已融合服务的进 / 出口值，需要通过其他途径和方式测算出融合比的估计量的具体数值，再以这个融合比估计值去推算宏观层面的数字技术已融合服务的进 / 出口值。这组融合比估计量由如下公式定义：

$$r_i^M = \frac{DTedS_{Mi}^S}{DTableS_{Mi}^P} \qquad （式6–3）$$

$$r_i^X = \frac{DTedS_{Xi}^S}{DTableS_{Xi}^P} \quad （式6–4）$$

上列两式中的符号用法与公式 6–1 和公式 6–2 基本相同，等号左边的 r 表示宏观融合比的估计量，等号右边上标 S 表示样本。

（二）基于融合比对数字贸易进行测度

在测算出融合比估计量的基础上，可以实施对数字贸易的测度。具体步骤如下：

第一步，选定服务贸易各品类经营企业样本。

第二步，测算样本的数字技术融合比作为宏观融合比的估计值。

第三步，测算各品类宏观层面数字贸易进 / 出口额，它等于融合比估计值与相应的宏观数字技术可融合服务进 / 出口额之积，有

$$DTedS_{Mi}^P = r_i^M \cdot DTableS_{Mi}^P \quad （式6–5）$$

$$DTedS_{Xi}^P = r_i^X \cdot DTableS_{Xi}^P \quad （式6–6）$$

这个方法对出口和进口分别开展测算。对每一个贸易流向，均分服务品类各自测算，将各类数字的出 / 进口额加总，得到出 / 进口总额。

所谓融合比法（Method of Integration Ratio）就是指基于样本融合比估计量对宏观数字贸易进行测度的方法。

数字贸易测度融合比法为近期内如何对数字服务贸易开展测度提供了基本方法。此法的提出基于以下两点考虑。

第一，基于“二元三环”架构，货物—跨境电商和数字服务贸易是两个独立单元，因此它们的测度也应该分开进行，各自探索妥善有效的测度方法。鉴于中国海关承担货物贸易统计职能且业已开展了货物—跨境电商统计工作的探索，商务部应该担负起数字服务贸易测度。

第二，潜在数字赋能服务不等于实际数字赋能服务，不应该简单地以前者作为后者的代理指标，或者说停留在潜在测度数字赋能服务上。

（三）贾怀勤首倡数字贸易测度融合比法，并建议开展试测度

2018年，贾怀勤向主管部门提出开展数字贸易试测度建议。2019年，贾怀勤再次致信主管部门，提出了具体的数字贸易测度思路和融合比法。

由于现行统计制度不支持获取数字技术可融合服务中已融合的贸易数据，需要主管部门采用现行统计制度之外的方式来获得数据，当时提出了三种方法供单独使用或结合使用。

（1）在重点企业服务贸易统计监测调查问卷中加入关于各项数字技术可融合服务中已融合的贸易额占比的问题（问题的设计要便于企业理解和填报），以重点调查所获占比去测算全部数字技术可融合服务中已融合的贸易额。

（2）借用社会智库发布的服务业各行业数字经济对全行业增加值占比作为融合比的估计值，去测算全部数字技术可融合服务中已融合的贸易额。

（3）构建数学模型测算各项数字技术可融合服务中已融合的贸易额占比。

上述三种方式可以单独使用，也可以结合使用。

其建议还提出开展数字贸易尝试性测度的作用有两个，一是为国内各方提供参考性数据，二是为将来参与国际组织数字贸易测度方法和制度的开发提供中方见解和主张。

（四）融合比法应用由贸发会议单指标向《数字贸易测度手册》双指标扩展

基于融合比法的实际试测度经历了由针对贸发会议可数字交付服务单一指标向《数字贸易测度手册》数字交付贸易和数字订购贸易双指标的扩展。数字技术可融合服务和数字技术已融合服务，是一个泛称。第一阶段，研究聚焦于贸发会议单指标测度，测度第6–11类服务，分别指可数字交付服务和实际数字交付服务；手册1.0发布后，研究进入第二阶段，在第一阶段测度基础上，扩延到对第1–5类服务的测度，以服务于手册的双指标测度。于是数

字已融合服务又泛指实际数字交付服务和实际数字订购服务。

考虑到“维修和维护”和“加工贸易”两类服务提供者属于制造业企业，且基本上都在海关特殊监管区域内，对其调查需要有关部门在重点联系企业之外组织专门调查。

总之，在第二阶段，融合比有如下两个具体测度值：样本实际数字交付比（简称数字实交比）和样本数字订购比（简称数字订购比）。使用公式6–3、6–4、6–5和6–6时需要分别计算数字实交的比估计量和数字订购比估计量。公式中的服务分类序号分别取i=6，7，…，11和i=1,2，…，5,12。

（本章撰稿人：贾怀勤）

第七章　国内智库的试测度实践

贾怀勤首倡的数字贸易测度融合比法，对国内数字贸易测度具有重要影响。有智库或直接与贾怀勤合作，或借鉴其方法，对全国层面或省（自治区、直辖市）层面的数字贸易规模开展试测度。国家工信安全信息发展研究中心（简称工信安研中心）直接采用融合比法，率先开展全国层面数字服务贸易测度，发布首个数字贸易测度报告。鼎韬产业研究院（简称鼎韬）批判性地借鉴融合比法，将商务部服贸司的服务贸易和服务外包业务与“数字经济分类”相对照，对数字贸易测度提出了别有见解的思想，取得了有意义的研究成果。一些地方政府商务主管机关也在政区层面数字贸易测度上取得了可贵发现。本章对工信安研中心和鼎韬的试测度做重点阐述，最后对各种测度做出综合评价。

工信安研中心和鼎韬对数字贸易服务的测度都是基于国际收支口径的服务 12 个品类，前者分别对不同的服务品类组合测度数字实际交付和数字订购两项指标，后者以单一的数字贸易服务指标取代数字实际交付和数字订购两分法，它们的 BOP 口径服务 12 个品类的对应关系整理表见表 7–1。这既是阐述两家智库数字贸易试测度的根本出发点，也是本书第九章研究今后数字贸易测度方案前瞻构思的基础。

表 7–1　工信安研中心和鼎韬各自测度口径与服务 12 个品类的对应关系

工信安研中心的两项测度	BOP 口径服务 12 个品类	鼎韬的单一测度
数字交付服务含 6 类	6. 保险和养老金服务（简称保险服务）	数字服务贸易（含左列 8 类外加离岸服务外包）
	7. 金融服务	
	8. 别处未包括的知识产权使用费（简称知识产权服务）	
	9. 电信、计算机和信息服务（简称 ICT 服务）	
	10. 其他商业服务	
	11，个人、文化和娱乐服务（简称个人文娱服务）	
数字订购服务含 5 类	3. 运输	
	5. 建筑服务	
	4. 旅行	不列入数字贸易统计
	1. 对他人拥有的有形投入进行的制造服务（简称加工服务）	
	2. 别处未包括的保养和维修服务（简称保养维修）	
不列入数字贸易统计	12. 别处未包括的政府货物和服务	

资料来源：贯怀勤根据有关资料整理。

一、工信安研中心的数字贸易试测度

工信安研中心于 2020 年和 2021 年先后发布两份关于中国数字贸易规模的研究报告。前一份报告披露了该中心对 2019 年窄口径中国数字贸易规模的研究。后一份报告披露了他们对 2020 年宽口径中国数字贸易规模的研究。

工信安研中心在对经合组织、世贸组织、国际货币基金组织和贸发会议等国际组织数字贸易测度理念和架构开展研究的基础上，提出中国数字贸易发展和测度框架，并基于两化融合公共服务平台数据库，连续第二年对中国数字贸易规模进行测算。2021 年报告与上一部相比，在测度数字交付贸易（“窄口径”数字贸易）的同时，还计算了包括数字订购服务贸易和数字订购货物贸易（跨境电商）在内的“宽口径”数字贸易规模，进一步完善了数字贸易测度研究。

研究发现，按《数字贸易测度手册》指标口径，2020年，中国数字贸易总规模为人民币4.0万亿元，同比增长9.3%。其中数字交付贸易规模达到1.32万亿元，占全部服务贸易的比重从2019年的20.9%增长至2020年的28.9%，上升8个百分点；数字订购贸易规模为2.68万亿元。数字订购贸易中，数字订购服务贸易受新冠疫情影响较上一年下降2 476.4亿元；数字订购货物贸易（即货物—跨境电商）强势增长，带动数字订购总体贸易上涨6.1%。从交易对象来看，数字服务贸易进出口规模为2.31万亿元①，占服务贸易总规模的50.6%，与2019年的43.7%相比，增长了6.9个百分点。

（一）数字贸易测度由窄及宽

工信安研中心直接采用本书第六章所述数字贸易概念和测度方法开展其测度。

面对国内外关于数字贸易宽窄概念的辨析，工信安研中心认为，应客观认识数字贸易概念上的“宽”“窄”之分，本着“认窄识宽”的思路，不断改进完善数字贸易测度口径。

《2020中国数字贸易发展报告》初步对2019年中国数字贸易进行试测度，从联合国贸发会的可数字交付服务的理念出发，通过计算融合比，测算了（1）保险和养老金服务、（2）金融服务、（3）电信、计算机和信息服务、（4）知识产权使用费、（5）个人、文化和娱乐服务、（6）其他商业服务，六个类别数字实际交付服务的进出口贸易额。

《2021中国数字贸易发展报告》在2020年测算数字交付贸易的基础上，

---

① 根据商务部研究院报告，2020年，中国数字服务贸易额2 947.6亿美元，折合2.0337万亿人民币。

参考贸发会议、世贸组织、国际货币基金组织关于数字贸易的宽口径定义，增加了数字订购贸易的测度，需要注意的是，数字订购贸易既包括数字方式订购的货物（跨境电商），也包括数字方式订购的服务（包括运输、旅行、建筑、维护和维修服务、加工服务、政府服务六个类别的服务），在下面的章节中将分别详细阐述。

表 7–2　数字贸易细分领域及对应指标解释

<table>
<tr><th>窄口径指标</th><th>宽口径指标</th><th rowspan="2">细分类别</th><th rowspan="2">指标解释</th></tr>
<tr><td>测度年份 2018—2019，测算年份 2020</td><td>测度年份 2018—2020，测算年份 2021</td></tr>
<tr><td rowspan="6">数字实际交付服务</td><td rowspan="6">数字交付贸易</td><td>保险和养老金服务</td><td>各种保险服务，以及同保险交易有关的代理商的佣金</td></tr>
<tr><td>金融服务</td><td>金融中介和辅助服务，但不包括保险和养老金服务项目所涉及的服务</td></tr>
<tr><td>电信、计算机和信息服务</td><td>居民和非居民之间的通信服务以及与计算机数据和新闻有关的服务交易，但不包括以电话、计算机和互联网为媒介交付的商业服务</td></tr>
<tr><td>知识产权使用费</td><td>居民和非居民之间经许可使用无形的、非生产/非金融资产和专有权以及经特许安排使用已问世的原作或原型的行为</td></tr>
<tr><td>个人、文化和娱乐服务</td><td>居民和非居民之间与个人、文化和娱乐有关的服务交易，包括视听和相关服务（电影、收音机、电视节目和音乐录制品），其他个人、文化娱乐服务（健康、教育等）</td></tr>
<tr><td>其他商业服务</td><td>包括技术、专业和管理遵循服务、研发成果转让费及委托研发</td></tr>
</table>

续表

<table>
<tr><th>窄口径指标</th><th>宽口径指标</th><th rowspan="2">细分类别</th><th rowspan="2">指标解释</th></tr>
<tr><td>测度年份2018—2019，测算年份2020</td><td>测度年份2018—2020，测算年份2021</td></tr>
<tr><td rowspan="7">不纳统</td><td rowspan="6">数字订购贸易之服务</td><td>运输</td><td>线下提供的实体运输服务，例如，用运输设备运送人和货物</td></tr>
<tr><td>旅游</td><td>旅行者在境外享受服务</td></tr>
<tr><td>建筑</td><td>建筑人员到境外施工</td></tr>
<tr><td>维护和维修服务</td><td>设备（不变更产权情况下）运入 / 出境内进行维护和维修，结束后再运回所有人处。服务供给方只收取服务费（维护和维修费）</td></tr>
<tr><td>加工服务</td><td>将原材料、零配件（不变更产权情况下）运入 / 出境内，由服务供给方进行加工、组装，成品运回所有人处</td></tr>
<tr><td>政府服务</td><td>政府和国际组织（含驻军）提供和购买的各项服务</td></tr>
<tr><td>数字订购贸易之货物</td><td>中国海关的跨境电商</td><td>个人或企业通过跨境物流将货物运送至境外个人、企业或海外仓，并通过跨境电商平台完成交易的形式</td></tr>
</table>

资料来源：国家工业信息安全发展研究中心。

（二）数字贸易测度的计算方法

1. 数字融合比的计算

工信安研中心借鉴了贾怀勤首倡的“数字融合比”的概念。测算数字融合比可以通过重点企业服务贸易统计监测调查问卷获得。

2. 数据来源

测度数字贸易需要两个方面的数据，一是分类别的样本企业的服务出 / 进口额和相应的数字赋能服务出 / 进口额，再是分类别的总体服务出 / 进口额。后者可以从现有服务贸易统计中直接摘取，前者则是测度的关键。

工信安研中心测算融合比的样本数据来源于该中心的“两化融合公共服

务平台”。该平台为满足研究中国工业化与信息化融合进程而设计，自 2009 年起，在工信部的指导下由工信安研中心建立的。平台通过企业问卷调查建立起庞大的数据库，起初仅涉及第二产业，后来调查范围扩展到第一产业和第三产业。截止到数字贸易试测度开始时的 2020 年，业已累计收集到 10 262 家服务类企业数据，具有一定的代表性，可以在一定程度上反映行业的数字技术已融合程度。其中服务业调查表涵盖了 32 个省级行政区（包括新疆生产建设兵团）的 1 630 家服务类企业数据。问卷中包含了与“融合比”直接有关的两对四个问题，分别是企业销售总额和企业在线销售额，企业购买总额和企业在线购买额。以这些平台上服务企业为样本，对它们的调查数据可以导出数字贸易测度需要的出口融合比和进口融合比。

将这些企业按照服务贸易分类筛选出 12 类样本企业，然后分别计算出 12 类服务业企业的进口数字融合比和出口数字融合比。测算公式如下：

$$\overline{F_a^{\mathrm{Im}}}=\frac{\sum_{i=1}^{n} Im_i^o}{\sum_{i=1}^{n} Im_i^p} \qquad （式7–1）$$

$$\overline{F_a^{\mathrm{Ex}}}=\frac{\sum_{i=1}^{n} Ex_i^o}{\sum_{i=1}^{n} Ex_i^p} \qquad （式7–2）$$

其中，$\overline{F_a^{\mathrm{Im}}}$ 为单项服务进口数字融合比，Im_i^o 表示样本企业线上跨境购买额，Im_i^p 表示样本企业全部跨境购买额；$\overline{F_a^{\mathrm{Ex}}}$ 为单项服务出口数字融合比，Ex_i^o 表示样本企业线上跨境销售额，Ex_i^p 表示样本企业全部跨境销售额，i 表示每家样本企业。

利用公式计算出各服务类别进、出口数字融合比之后，从《中国商务年鉴》获取 12 个服务贸易类别的进出口额，通过将 12 个领域的进出口额与相对应的数字融合比相乘，加总得到已数字化的服务贸易进出口总额。从中国海关总署获得跨境电商的进出口总额，作为已数字化的货物贸易进出口总额。上述二者相加即为数字贸易进出口总额。

虽然两化融合公共服务平台数据库所包含的样本企业总数目不小，但是按其所提供的服务品类细分，某些品类所对应的企业数目较少；作为测算前提的关于对境内外销售 / 购买比率相同和实体商品和服务销售 / 购买比率的两条假定，有可能与实际业务不甚一致。这两方面的原因使这一试测度结果具有一定的局限性。但是毕竟工信安研中心在国内首度对中国数字贸易规模做出测度，具有开创性意义。所使用测度方法，有学术上有借鉴价值。测度的结果和发现，对从规模上和趋势上认识中国数字贸易发展态势有相当的参考价值。

（三）第一轮试测度——聚焦窄口径指标数字实际交付服务

工信安研中心第一轮测度排除了服务贸易中无法实现数字交付的服务类别——运输服务、旅行服务、建筑服务、维护和维修服务、加工服务等，聚焦六类通过数字形式交付的服务类别——电信、计算机和信息服务，个人、文化和娱乐服务，保险服务，金融服务，知识产权使用费和其他商业服务。

测度的关键是测算这六类数字可交付服务中数字实际交付服务的占比，即实交比，它是数字融合比在这六类服务上的具体化。以实交比乘以总体的分类服务出 / 进口额，得到实际数字交付的服务出 / 进口额。先分类测算，然后加总，得到数字实际交付服务的贸易额合计值。各品类的服务贸易额来自商务部服贸司。

鉴于两化融合公共服务平台对企业的问卷对销售 / 购买不区分境内与境外，也未区别实物货物与服务，研究假定境外交易与境内交易比率相等，服务交易与货物交易比率相等，以企业在线境外销售 / 购买比率作为企业服务出 / 进口实交比的替代指标。在实际测算中，对第九类服务（电信、计算机和信息服务）取其出 / 进口实交比为 100%，只测算其余五类的具体比率。

1. 试测度结果

根据上述方法，试测得 2018 和 2019 两年度的实际数字交付贸易额（见表 7-3）。

表 7–3a　2018 年中国（服务）数字贸易进出口的数字实际交付额

序号	品类	出口		进口		进出口
		实交比（%）	实交额（亿美元）	实交比（%）	实交额（亿美元）	实交额（亿美元）
6	保险和养老金服务	41.2	20.3	45.4	53.9	74.2
7	金融服务	27.1	9.4	33.9	7.2	16.6
8	别处未涵盖的知识产权使用费	40.9	286.2	30.2	142.6	428.8
9	通信、计算机和信息服务	100.0	470.6	100.0	237.7	708.3
10	其他商业服务	40.9	286.2	30.2	142.6	428.8
11	个人、文化和娱乐服务	53.5	6.5	43.7	14.8	21.3
合　计		——	813.5	——	581.1	1 393.6

资料来源：国家外汇管理局国际收支统计表；工信安研中心两化融合公共服务平台数据库。

表 7–3b　2019 年中国（服务）数字贸易进出口的数字实际交付额

序号	品类	出口		进口		进出口
		实交比（%）	实交额（亿美元）	实交比（%）	实交额（亿美元）	实交额（亿美元）
6	保险和养老金服务	48.1	23	49.3	53.1	76.1
7	金融服务	30.3	11.9	36.8	9.1	21
8	别处未涵盖的知识产权使用费	47.4	27.2	32	173.6	200.8
9	通信、计算机和信息服务	100.0	538.6	100.0	269.0	807.6
10	其他商业服务	47.4	347.5	32	159.5	507
11	个人、文化和娱乐服务	57.2	6.9	46.9	19.1	26
合　计		——	955.1	——	693.4	1 638.5

资料来源：国家外汇管理局国际收支统计表；工信安研中心两化融合公共服务平台数据库。

虽然试测度结果存有局限性，具体数字不足以作为深入进行定量分析的投入，但是它能够大体上揭示中国数字贸易的趋势和比例关系，具体可以看以下三方面。

首先，2018 年中国数字实际交付服务规模为 1 393.6 亿美元，2019 年上升到 1 638.5 亿美元，增长 14.9%。其中出口由 813.5 亿美元上升到 955.1 亿美元，增幅为 17.4%；出口由 581.1 亿美元上升到 693.4 亿美元，增幅为 19.3%。贸易顺差由 232.4 亿美元提升到 161.7 亿美元，增长 17.3%。三项指标增长态势明显。

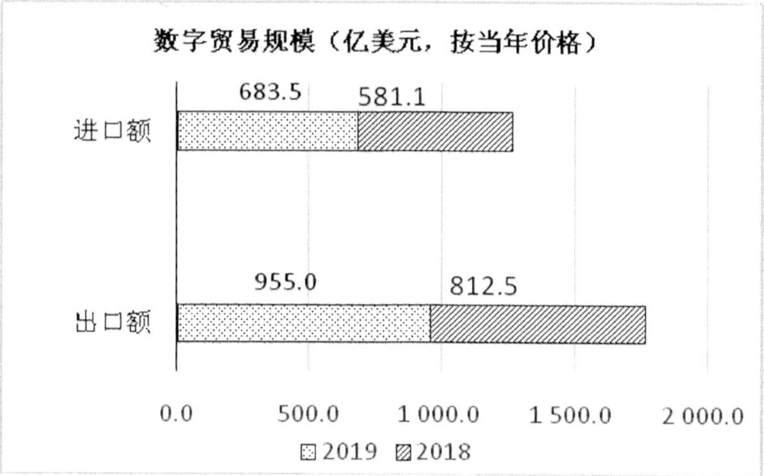

图 7-1　2018—2019 年中国（数字实际交付服务）数字贸易进出口额

资料来源：工信安研中心测算。

再从数字实际交付服务贸易与服务贸易整体的对比看：数字贸易增速高于服务贸易整体增速，占服务贸易整体规模比重上升 3.3 个百分点至 20.9%。两年份的服务贸易的逆差都在 2 500 亿—3 000 亿美元之间，而数字贸易则表现为 230 多亿美元的顺差。随着数字贸易在全球贸易格局的重要性不断提升，中国贸易焦点正加快沿着“货物贸易—服务贸易—数字贸易”路径演进。

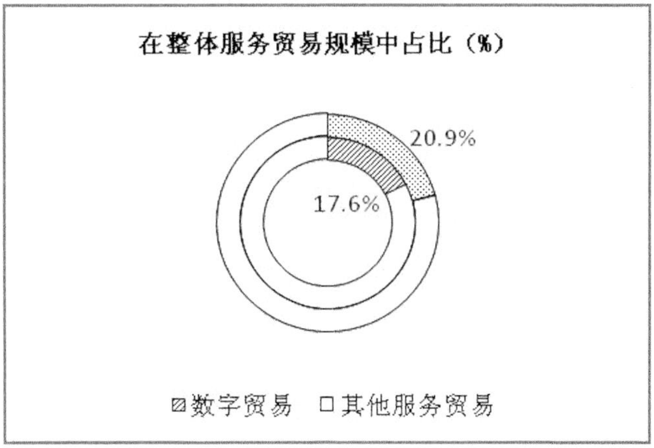

图 7-2　2018—2019 年中国（数字实际交付服务）数字贸易对服务贸易占比

资料来源：工信安研中心测算。

2. 中国数字贸易整体发展情况

2019 年，中国数字贸易规模和增速可观，贸易顺差创出新高，占整体服务贸易的比重也在日益上升，但未来仍有较大的数字化转型空间。

（1）数字贸易整体规模增长态势可观

此期间中国数字贸易正步入高速发展新阶段。2019 年中国数字实际交付服务贸易整体规模达到 1.4 万亿元，与上一年相比增长 19.0%。其中，数字实际交付服务出口额 7 869.5 亿元，与上一年相比增长 21.7%；进口额 5 995.6 亿元，与上一年相比增长 15.6%；贸易顺差为 1 873.9 亿元，与上一年相比增长 46.1%，顺差增长态势十分显著。

这当中电信、计算机和信息实际交付服务进出口规模 5 302.5 亿元，占数字贸易整体规模的 38.2%；专业和管理咨询服务次之，规模约为 2 542.5 亿元，占比 18.3%。此外，电信、计算机和信息实际交付服务贸易顺差最大，达 1 904.8 亿元，是中国最具海外优势的数字服务产业。存在贸易逆差最大的类别是知识产权使用费，达 1 478.1 亿元，可见中国对知识产权相关服务的需求量大，出口仍有较大增长空间。

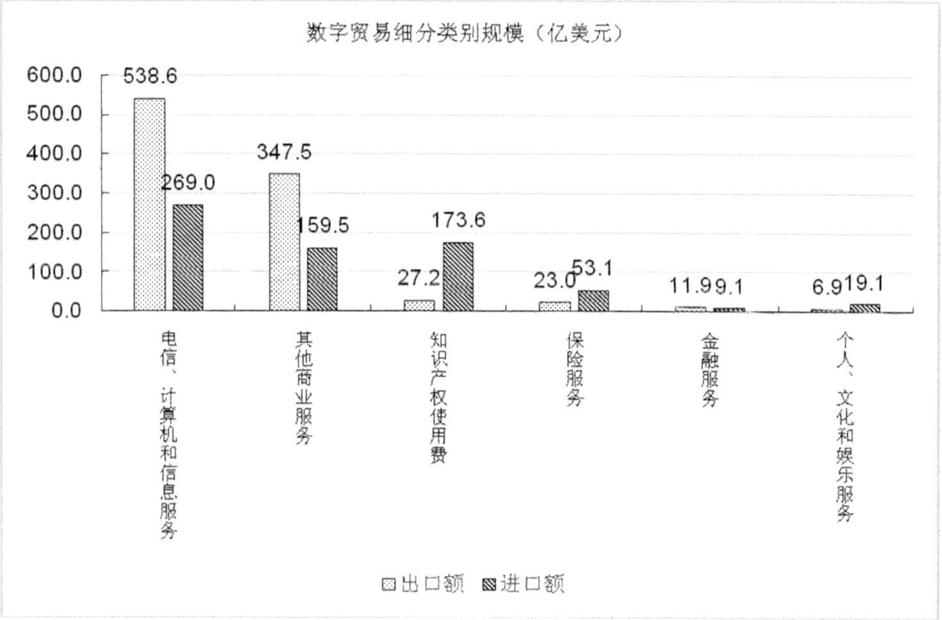

图 7–3 2019 年中国（数字实际交付服务）数字贸易分类别进出口额

资料来源：工信安研中心测算

（2）数字贸易对服务贸易贡献率攀升

数字贸易成为带动服务贸易增长的重要动力。2019 年，中国服务贸易整体规模为 5.4 万亿元，数字实际交付服务所占比重为 25.6%，比上一年同期提升 3.4 个百分点。与 2018 年相比，数字贸易规模增长 19.0%，是整体服务贸易增长率的 7 倍，增速十分显著。

（3）中国服务贸易在国际上的地位

鉴于目前国际社会对数字贸易规模仍未有统一、公认的准确统计测度方法，这里采用贸发会议的“可数字交付服务”贸易规模指标，将中国的数字贸易与其他经济体做横向对比，以便了解中国在全球范围内的数字贸易发展潜力。

“可数字交付服务”贸易指的是具有数字化交付潜力的中服务贸易，包括已经数字化和未来可能数字化的服务贸易部分。2019 年，中国可数字交付服务规模约为 1.9 万亿元（2 718.1 亿美元），规模排名全球第七。与上一年相比增长 6.1%，仅次于爱尔兰和印度。可以看出，中国服务贸易的数字化潜力增长的态势较为平稳乐观，但与美国、英国等欧美经济体相比，仍有较大增长空间。

3. 数字贸易各细分领域发展现状

这里把中国数字贸易按照交易内容分为信息通信类、内容娱乐类、商业金融类、专业知识类。总的看来，中国数字贸易各细分领域呈现规模逐年扩大、贸易逆差不断收紧、新模式新业态不断涌现的良好发展势头。

（1）信息通信类数字贸易规模排名第一

信息通信类数字贸易主要以电信、计算机和信息服务为主。从规模上看，2019 年数字化的电信、计算机和信息服务进出口总额约为 5 302.5 亿元，占数字贸易整体规模比重 38.2%，在各专业领域里占比最大。其中进口 1 698.7 亿元，出口 3 603.6 亿元，贸易顺差为 1 904.9 亿元。

从可数字化程度上看，电信、计算机和信息服务的数字融合比高达 94.6%，几乎全部可通过数字化手段进行交付，其中进口数字融合比为 90%，出口数字融合比为 97%，数字化程度远高于排名第二的个人、文化和娱乐服务业（75.8%）。

随着服务业扩大开放、数字贸易高质量发展等政策红利进一步显现，中国电信、计算机、信息技术在国际市场上的竞争力正在稳步提升。这表现为电信、计算机和信息服务进出口额实现了较大增长，与 2018 年 4 389.2 亿元相比，增长了 20.8%。贸易顺差呈不断扩大趋势，与 2018 年 1 620.9 亿元相比，增长了 17.5%。

表 7–4　信息通信类数字贸易进出口情况

类别	年份	出口额		进口额	
		金额（亿元）	融合比	金额（亿元）	融合比
电信、计算机和信息服务	2018	3 005.0	96.5%	1 384.2	88.0%
	2019	3 603.6	97.0%	1 698.7	90.0%

资料来源：工信安研中心测算。

（2）内容娱乐类数字贸易扩张态势明显

内容娱乐类数字贸易主要包括社交媒体、数字传媒、数字娱乐、数字学习、数字出版等个人、文化和娱乐服务。近年来，中国在数字内容娱乐的多个细分领域已经具备了较强的国际竞争力。社交媒体加速拓展海外市场。2019 年，微信、QQ 和 Qzone 等社交媒体的活跃用户量在全球社交媒体中排名前八。抖音海外版 TikTok 全球总下载量超过 20 亿次，拥有 8 亿活跃用户，覆盖 150 个国家和地区，成为全球下载量最高的移动应用。网络游戏进入快速发展期。2009 年至 2019 年，中国自主研发网络游戏海外市场销售收入从 7.5 亿元（1.1 亿美元）迅速增长至 763.4 亿元（111.9 亿美元），增长约 100 倍。国产移动游戏在海外市场已形成优势，在美、日、韩、英、德等国家的流水同比增长率均高于该国家移动游戏市场的增速，出海前景明朗。网络文学出海前景乐观。根据《2018 中国网络文学发展报告》，截至 2018 年底，中国面向海外输出的网络文学作品数量达到 11 168 部，占比不到 1%。但是，随着中国文学对外传播力度的加强、人工智能翻译系统的发展以及阅读媒介的更新迭代，中国网络文学出海前景乐观。2018 年，阅文集团等网络文学企业已加速海外布局，逐渐打开东南亚、欧美网络文学市场。

2019 年，中国可数字交付化的个人、文化和娱乐服务进出口额约为 279.6 亿元。虽然在数字贸易进出口总额站比较小，约为 2.0%，但数字融合比高达 75.8%，仅次于排名第一的电信、计算机和信息服务业。

表 7–5 内容娱乐类数字贸易进出口情况

类别	年份	出口额		进口额	
		金额（亿元）	融合比	金额（亿元）	融合比
个人、文化和娱乐服务	2018	58.6	73.0%	168.4	75.0%
	2019	79.7	78.0%	199.9	75.0%

资料来源：工信安研中心测算。

（3）商业金融类数字贸易发展潜力巨大

商业金融类数字贸易主要包括保险服务、金融服务，以及技术、专业和管理咨询、研发等配套商业服务。2019 年进出口额较高的类别依次为专业和管理咨询服务（2 542.5 亿元）、技术服务（1 199.3 亿元）、研发服务（866.3 亿元），占数字贸易整体规模的比重分别为 18.3%、8.6% 和 6.2%。相比之下，保险和金融服务占比相对较小，仅为 1.9% 和 1.5%。从数字融合程度来看，专业和管理咨询服务、技术服务、研发服务的融合比均高于 55%，其中研发服务进口数字融合比高达 81%，而金融服务的进、出口的数字融合比均不足 50%，保险服务不足 30%，提升空间巨大。随着《推进财产保险业务线上化发展的指导意见》《关于进一步扩大金融业对外开放的有关举措》等政策文件的发布实施，保险、金融业对外开放力度不断加码，商业金融类数字服务贸易未来有望向更高水平跃升。

表 7–6　商业金融类数字贸易进出口情况

类别	年份	出口额		进口额	
		金额（亿元）	融合比	金额（亿元）	融合比
保险服务	2018	78.2	24.0%	180.8	23.0%
	2019	82.5	28.0%	177.5	25.0%
金融服务	2018	115.2	50.0%	49.1	35.0%
	2019	147.0	56.0%	63.8	38.0%
技术服务	2018	530.6	46.0%	579.0	69.0%
	2019	624.0	49.0%	575.3	67.0%
专业和管理咨询服务	2018	1 455.2	65.0%	825.6	69.0%
	2019	1 606.5	65.0%	936.0	73.0%
研发成果转让费及委托研发	2018	356.9	58.0%	331.8	71.0%
	2019	421.2	62.0%	445.2	81.0%

资料来源：工信安研中心测算。

（4）专业知识类数字贸易仍有增长空间

专业知识类数字贸易以知识产权为主。近年来，随着中国产业转型升级，知识产权贸易在国际贸易中比重逐年上升，知识产权竞合成为中国企业“走出去”无法回避的议题。随着《2019年深入实施国家知识产权战略 加快建设知识产权强国推进计划》发布，“要做好经贸领域的知识产权工作”得以明确，知识产权在中国数字贸易中的贡献不断提升。

2019年，数字可交付知识产权使用费进出口额为1 765.2亿元，占数字贸易进出口总额的12.7%，比重仅次于电信、计算机和信息服务及专业和管理咨询服务。

知识产权出口的数字融合比由2018年的55%增长至2019年的61%，数字交付的知识产权出口额与2018年相比增长了40%以上，侧面体现了中国对外贸易正逐步由劳动密集型向高附加值产业转型。但同时也应该注意到，当前中国数字交付的知识产权出口额（333.3亿元）仍远远小于进口额（1 931.6亿元），反映出中国技术创新能力在全球的竞争力相对较弱，需要大力提升中国的知识创新能力。

表7–7 专业知识类数字贸易进出口情况

类别	年份	出口额		进口额	
		金额（亿元）	融合比	金额（亿元）	融合比
知识产权使用费	2018	202.4	55.0%	1 578.0	67.0%
	2019	287.1	61.0%	1 478.1	71.0%

资料来源：工信安研中心测算。

（四）第二轮试测度——对标《数字贸易测度手册》的数字交付贸易和数字订购贸易指标

1. 中国数字贸易发展整体情况

（1）中国数字贸易整体规模稳定增长

根据宽口径——《数字贸易测度手册》的数字交付贸易和数字订购贸

易的指标，2020 年中国数字贸易整体规模为人民币 4.0 万亿元，同比增长 9.3%。其中出口额 2.18 万亿元，进口额 1.82 万亿元。从交易对象来看，数字交付贸易进出口规模为 2.31 万亿元，其中出口额 1.06 万亿元，进口额 1.25 万亿元。数字交付贸易，即数字实际交付服务，占服务贸易总规模的 50.6%，与 2019 年的 43.7% 相比，增长了 6.9 个百分点。数字订购贸易，即货物跨境电商，进出口规模为 1.69 万亿，按可比口径计算增长超三成。

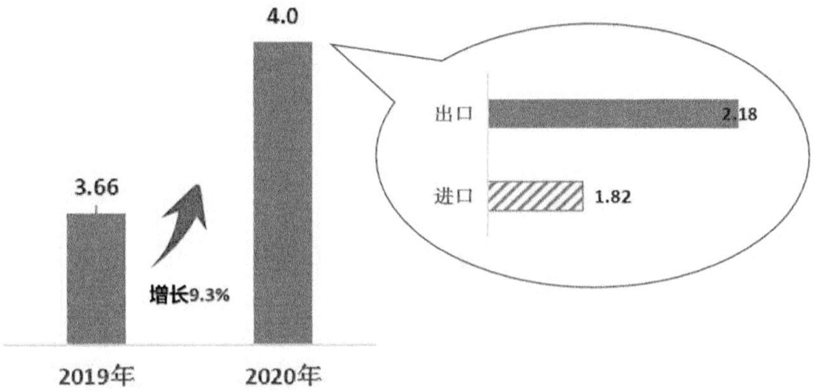

图 7–4　中国数字贸易整体规模（人民币万亿元）

资料来源：工信安研中心测算

（2）中国数字交付贸易规模逆势增长

2020 年，受新冠疫情影响，在整体服务贸易下降的背景下，数字交付贸易仍表现为高速正增长，规模达到人民币 1.32 万亿元。其中出口额为 0.75 万亿元，进口额为 0.57 万亿元，贸易顺差 1 883.5 亿元，与 2019 年（1 874.4 亿元）相比略有扩大，同比增长 16.6%。数字交付贸易占整体服务贸易的比重从 2019 年的 20.9% 增长至 2020 年的 28.9%，上升 8 个百分点，数字交付贸易作为数字贸易的核心，对服务贸易的贡献率持续攀升。

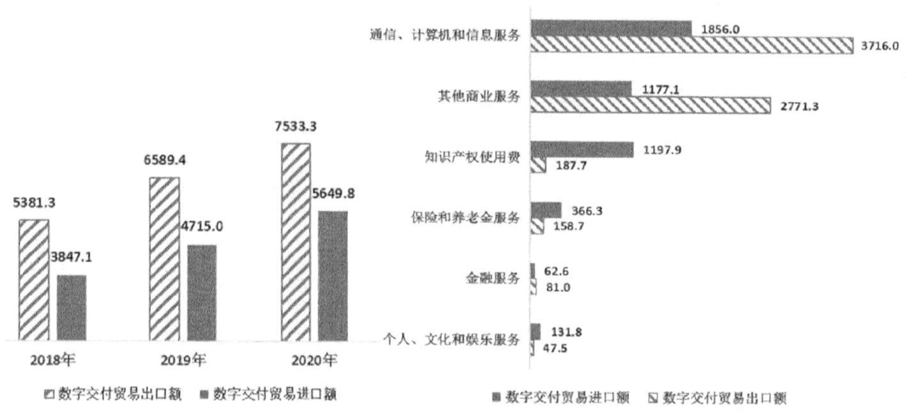

图 7–5　中国数字交付贸易进出口规模（人民币亿元）

资料来源：工信安研中心测算

（3）数字订购服务贸易逆差缩减

从总量上看，受新冠疫情严重影响，2020 年中国数字订购服务贸易进出口为 9 894.1 人民币亿元，较上年下降 2 476.4 亿元。，各细分领域贸易规模均表现为不同程度的下降，其中旅游、加工和维护维修服务是受到冲击最为严重的领域，分别较上年缩减 41.6%、17.2% 和 13.1%。

较为乐观的指标有两个方面。一是数字订购服务贸易 2020 年进口额为人民币 6 830.5 亿元，出口额为 3 063.6 亿元，贸易逆差 3 766.9 亿元，较上年下降 40.4%；二是大部分行业数字融合比稳定上升，各服务行业数字化转型进程正在加速。

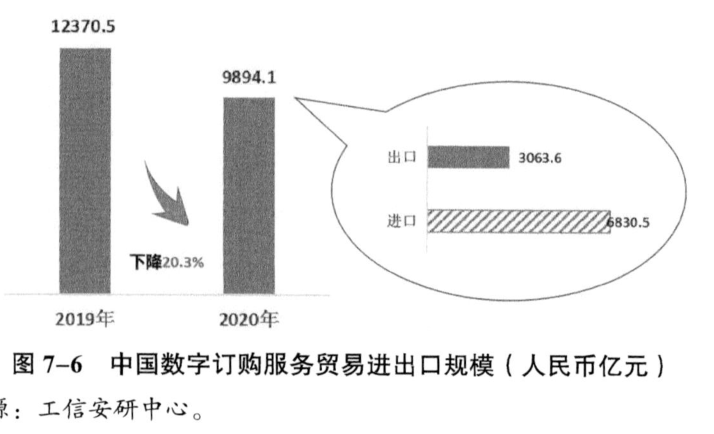

图 7–6　中国数字订购服务贸易进出口规模（人民币亿元）

资料来源：工信安研中心。

此外，数字订购货物贸易，即货物—跨境电商，是带动数字订购贸易增长的主要动力。数字订购货物贸易强势增长，对冲了数字订购服务贸易规模受疫情影响出现的下滑，使数字订购贸易总体仍呈现上升趋势，同比增长6.1%。

2. 中国数字贸易发展分领域情况

（1）总体上看，数字交付贸易分项领域的规模逐渐扩大，占服务贸易比重持续上升。

整体上看，2020 年中国数字交付贸易规模比 2019 年增长了 16.6%，占服务贸易的比重从 20.9% 提升至 28.9%。数字交付贸易占服务贸易的比重持续攀升。

表 7–8　数字交付贸易进出口情况

类别	年份	出口额		进口额	
		金额（人民币亿元）	融合比	金额（人民币亿元）	融合比
保险和养老金服务	2018	134.2	41.2%	356.9	45.4%
	2019	158.5	48.1%	366.3	49.3%
	2020	189.4	51.1%	451.2	53.0%
金融服务	2018	62.4	27.1%	47.6	33.9%
	2019	81.0	30.0%	62.6	36.8%
	2020	92.8	32.2%	81.4	37.2%
电信、计算机和信息服务	2018	3 114.0	100%	1 572.9	100%
	2019	3 716.0	100%	1 856.0	100%
	2020	4 191.4	100%	2 273.9	100%
知识产权使用费	2018	135.8	36.9%	826.7	35.1%
	2019	187.7	40.9%	1 197.9	50.5%
	2020	231.9	38.7%	1 551.6	59.8%
个人、文化和娱乐服务	2018	43.0	53.5%	98.1	43.7%
	2019	47.5	57.2%	131.8	46.9%
	2020	56.4	62.2%	114.7	55.3%

续表

类别	年份	出口额		进口额	
		金额（人民币亿元）	融合比	金额（人民币亿元）	融合比
其他商业服务	2018	1 891.9	40.9%	944.9	30.2%
	2019	2 398.4	47.4%	1 100.5	32.0%
	2020	2 771.3	53.7%	1 177.1	33.8%

数据来源：工信安研中心

①保险和养老金服务

2020 年，中国已实现数字化的保险和养老金服务贸易规模为 640.6 亿元，占数字交付贸易的 4.9%，其中出口额为 189.4 亿元，进口额为 451.2 亿元。目前中国保险和养老金服务领域处于起步阶段，规模较小，未来发展空间较大。2020 年 1 月，银保监会等 13 个部门联合发布《关于促进社会服务领域商业保险发展的意见》，明确“要促进社会服务领域商业保险发展，提高相关领域风险保障水平，增加长期资金供给”“力争到 2025 年，商业健康保险市场规模超过 2 万亿元”。在政策支持下，该行业有望迎来井喷式发展。

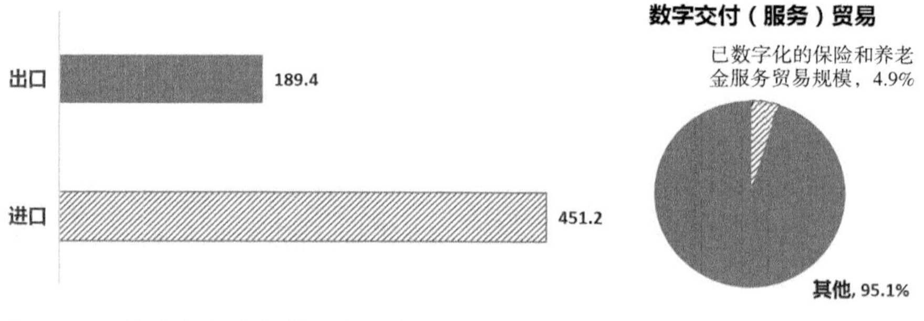

图 7–7　已数字化保险和养老金服务进出口规模（人民币亿元，2020 年）及占比

资料来源：工信安研中心。

②金融服务

2020 年，中国已实现数字化的金融服务贸易规模为 174.2 亿元人民币，占数字交付贸易的 1.3%。从数字融合程度来看，金融服务的出口、进口融合比分别为 32.2% 和 37.2%。

虽然与其他服务类别相比，金融服务的数字贸易规模较小、数字化程度较低，但发展潜力巨大。中国不断推动金融行业高水平双向开放，2018 年至 2021 年，银保监会宣布了三轮共计 34 条对外开放新措施，涉及取消或放宽外资持股比例限制、放宽外资机构和业务准入条件、扩大外资机构业务范围、优化外资机构监管规则和简化行政许可流程等。银保监会数据显示，截至 2020 年末，外资银行在华共设立了 41 家外资法人银行、116 家外国银行分行和 144 家代表处，外资银行总资产 3.78 万亿元。并且，金融服务的数字化转型不断加速，《中华人民共和国国民经济和社会发展第十四个五年规划和 2035 年远景目标纲要》明确提出要“稳妥发展金融科技，加快金融机构数字化转型”。

③电信、计算机和信息服务

从规模上看，2020 年，电信、计算机和信息服务进出口规模约为 6 465.3 亿元，在数字交付贸易整体规模中占比最高，为 49.0%，其中出口 4 191.4 亿元，进口 2 273.9 亿元，贸易顺差为 1 917.5 亿元。从数字化程度上看，电信、计算机和信息服务贸易进出口数字融合比达到 100%，是“已完全实现数字化融合”的服务贸易类别，数字化程度远高于排名第二的个人、文化和娱乐类服务贸易（出口数字融合比为 62.2%）。从增速上看，2020 年，电信、计算机和信息服务进出口总额同比增长 13.8 个百分点，贸易顺差呈现扩大趋势，与 2018 年 1 541.1 亿元相比，增长了 24.4%，与 2019 年 1 860 亿元相比，增长了 3.1%，反映出中国电信、计算机和信息服务在国际市场中的竞争力正在稳步提升。

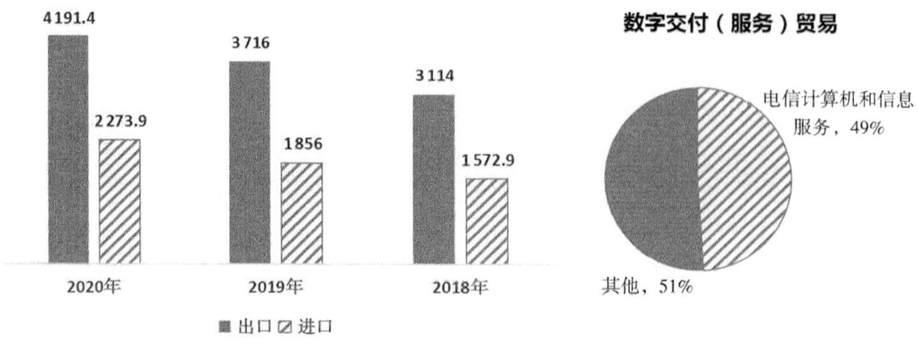

图 7–8　已数字化的电信、计算机和信息服务进出口规模（人民币亿元）及占比

资料来源：工信安研中心。

④知识产权使用费

2020 年，中国已实现数字化融合的知识产权使用费贸易规模为 1 783.5 亿元，同比增长 22.3%，占数字交付贸易进出口总额的 13.5%。应当注意到，当前中国数字交付的知识产权出口额仅为 231.9 亿元，远低于进口额 1 551.6 亿元，贸易逆差从 2019 年的 1 010.2 亿元扩大至 2020 年的 1 319.7 亿元，反映出中国技术创新能力在全球竞争中仍然相对较弱，“进口替代”产业发展有待进一步提质加速。随着《2019 年深入实施国家知识产权战略　加快建设知识产权强国推进计划》和《2020 年深入实施国家知识产权战略　加快建设知识产权强国推进计划》明确提出要“做好经贸领域的知识产权工作”“深化知识产权国际交流合作”，未来中国知识产权贸易有望得到较大提升。

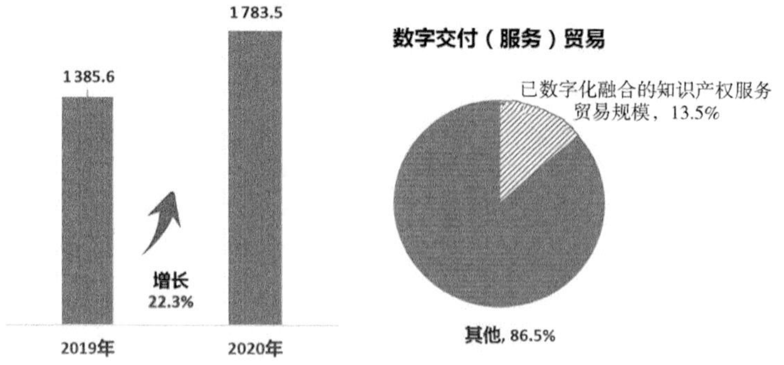

图 7–9　已数字化的知识产权服务进出口规模（人民币亿元）及占比

资料来源：工信安研中心。

⑤个人、文化和娱乐服务

个人、文化和娱乐服务主要包括社交媒体、数字传媒、数字娱乐、数字学习、数字出版等。2020 年，中国已实现数字化融合的个人文娱服务进出口总额为 171.1 亿元，在数字交付贸易总规模的占比较小，为 1.3%。尽管规模较小，但数字融合比较高，进、出口数字融合比分别为 55.3% 和 62.2%，仅次于排名第一的电信、计算机和信息服务。贸易逆差显著缩小，从 2019 年的 84.3 亿元缩小至 2020 年的 58.3 亿元，缩减幅度达到 30.8%，反映出个人文娱类企业"走出去"步伐不断加快。网络游戏可能是中国文化"走出去"收入最多的文化娱乐产业，据《2020 年中国游戏产业报告》显示，2020 年，中国自主研发网络游戏海外市场实际销售收入达 998.7 亿元（154.5 亿美元），同比增长 33.25%，"游戏出海"规模进一步扩大。

⑥其他商业服务

其他商业服务主要指技术服务、专业和管理咨询服务、研发成果转让费及委托研发等商业服务。2020 年，中国实现数字化融合的其他商业服务贸易规模达 3 948.3 亿元，占数字交付贸易的比重达到 30.0%，其中进口额为 1 177.1 亿元，出口额为 2 771.3 亿元，贸易顺差与上年相比扩大 296.3 亿元。随着中国计算机服务、广告服务、金融服务等高附加值服务出口快速增加，产业结构不断升级，对服务贸易结构调整和优化起到了重要推动作用，促进了知识密集型企业技术、管理咨询、研发等商业服务出口贸易的健康发展。

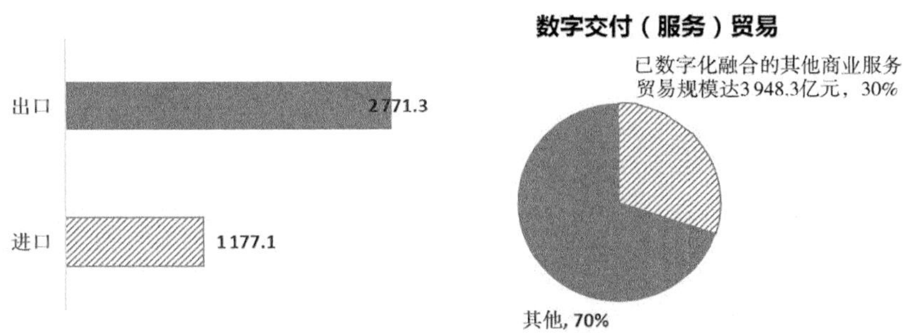

图 7–10　已数字化的知识产权服务进出口规模（人民币亿元）及占比

资料来源：工信安研中心。

（2）数字订购服务贸易受疫情冲击较严重，行业数字化进程乘势加速

数字订购服务贸易主要包括运输、旅游、建筑、维护和维修服务、加工服务。政府服务指政府和国际组织（含驻军）提供和购买的各项服务，两化融合公共服务平台上未收录相关数据，且《中国商务年鉴》中这部分服务贸易进出口额较小，在本研究中忽略不计。

整体上看，2020 年中国数字订购服务贸易规模 9 894.1 亿元，与上年相比，降低 2 476.4 亿元。数字订购服务贸易受新冠疫情影响最为严峻，细分服务类别均不同程度受到冲击，旅游、加工、维护维修等表现最为显著，但大部分行业数字融合比却在稳定上升，反映疫情正在加速各服务行业数字化转型进程。

表 7–9　数字订购服务贸易进出口情况

类别	年份	出口额		进口额	
		金额（人民币亿元）	融合比	金额（人民币亿元）	融合比
运输	2018	884.5	31.6%	2 307.5	32.2%
	2019	1 012.8	31.9%	2 402.0	33.2%
	2020	1 487.5	38.1%	2 664.5	40.8%
旅游	2018	817.3	31.3%	6 247.0	34.1%
	2019	759.5	31.9%	6 582.4	38.0%
	2020	473.6	41.5%	3 810.7	42.1%
建筑	2018	397.6	22.6%	192.4	33.8%
	2019	519.7	26.9%	228.2	35.6%
	2020	516.6	29.8%	207.5	36.9%
维护和维修服务	2018	285.1	60.0%	82.2	49.0%
	2019	287.8	41.0%	121.0	48.0%
	2020	219.7	41.6%	135.5	58.5%

续表

类别	年份	出口额		进口额	
		金额（人民币亿元）	融合比	金额（人民币亿元）	融合比
加工服务	2018	380.5	33.0%	5.3	30.0%
	2019	445.2	33.0%	11.9	54.0%
	2020	366.2	31.2%	12.3	35.8%

资料来源：工信安研中心。

①运输

受新冠疫情影响，运输业进口额从2019年的7 235亿元下降至2020年的6 530.6亿元，尽管出口额有所上升，但从进出口总额上看与上年相比并无太大进步。新冠疫情加速了运输业数字化转型进程，运输服务进出口数字融合比较上年均有较大提升，其中出口的数字融合比从2019年的31.9%上升至2020年的38.1%，进口从2019年的33.2%上升至2020年的40.8%，因此，在运输服务贸易总额停滞不前的背景下，数字化的运输服务贸易快速增长，从2019年3 414.8亿元增长至2020年的4 152亿元，展现出强大的韧性，推动运输服务贸易复苏的引擎作用明显。

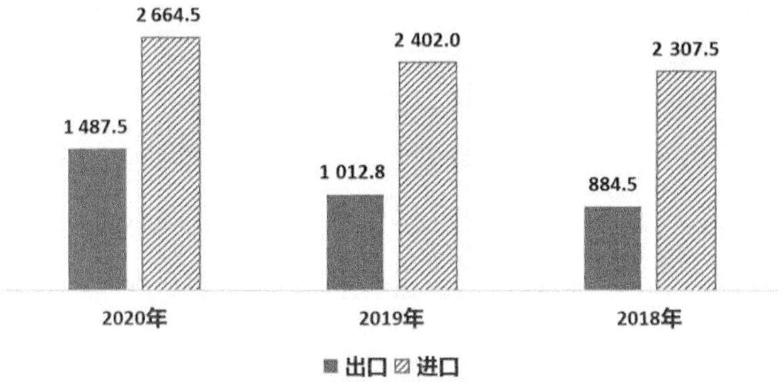

图 7–11　已数字化的运输服务进出口规模（人民币亿元）

资料来源：工信安研中心。

②旅行

旅游业受新冠肺炎疫情的影响最为严重，据联合国人口统计数据显示，当时全球至少有 91% 的人口（约 71 亿人）所居住的国家对旅游接待业采取了各类限制措施，旅游目的地也大都实行了游客入境旅行的限制。

中国旅行服务出口额从 2019 年的 2 381 亿元下降至 2020 年的 1 141.3 亿元，进口额从 2019 年的 17 322 亿元下降至 2020 年的 9 051.6 亿元，进出口额均遭“腰斩”。数字化转型是疫情下旅游业应对危机的重要抓手，从数据上看，旅行服务进出口的数字融合比双双提升，均达到 40% 以上。尽管如此，由于基数下降幅度较大，数字化的旅游服务贸易进出口额仍表现为下降趋势。

③建筑

建筑服务贸易主要以工程外包、劳务输出来实现。受世界经济持续低迷、国际基础设施投资热度减弱、贸易保护主义抬头、新冠疫情蔓延反复等多重因素影响，2020 年，以数字订购形式实现的建筑贸易进出口总额为 724.1 亿元，与 2019 年相比下降了 23.8 亿元。与其他服务类别相比，2020 年，建筑服务业通过线上订购实现交易的比例较低，其中出口的数字融合比仅为 29.8%，不足 30%；但线上订购比例持续稳定扩大的趋势没有改变，进、出口数字融合比分别比上年提升了 10.5% 和 0.6%，反映出建筑服务业的交易方式从线下转向线上是大势所趋。

④加工、维护和维修服务

加工、维护和维修服务是与制造业密切相关的服务贸易。2019 年 1 月，国务院印发《国务院关于促进综合保税区高水平开放高质量发展的若干意见》明确提出，要推动综合保税区发展成为具有全球影响力和竞争力的加工制造中心、检测维修中心。企业入境加工、维修业务在 2019 年出现明显扩张。但随着新冠疫情的到来，2020 年又呈现回落的趋势。

2020 年，以数字订购形式实现的加工、维护和维修服务贸易总额为 733.7 亿元，与 2019 相比下降了 15.3%，其中，加工服务下降了 17.2%，维护和维修服务下降了 13.1%。

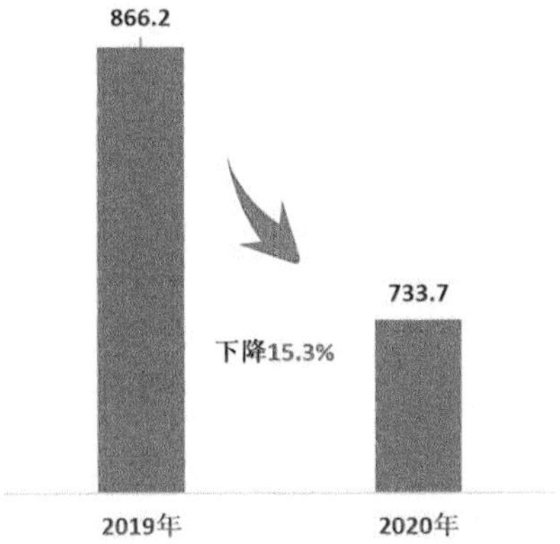

图 7–12　已数字化的建筑服务进出口规模（人民币亿元）

资料来源：工信安研中心。

工信安研中心关于货物数字订购的数据，直接引用海关统计。

二、鼎韬的数字贸易测度研究

鼎韬是一家民营研究机构，总部设在天津，在国内外多处设有分公司或代表处，承接过商务部和联合国工发组织的多项研究课题，发起和参与制定了多项服务贸易及外包行业标准及创新成果。2022 年 5 月，鼎韬发布《2021 年中国数字贸易发展报告》，专门阐述其数字贸易测度理念、方法和发现及建议。它的数字贸易测度思路是：

第一，不同于格里姆“可数字交付服务”和非“可数字交付服务”的划分，而是从数字技术与贸易相互融合出发，将测度范畴划分为数字贸易化部分和贸易数字化部分。通过贸易数字化概念，淡化数字实际交付服务和数字订购服务的分野。

第二，数字贸易化部分，可以从现有统计机制中直接获取测度数据。

第三，贸易数字化部分，使用企业调查获取调整因子，对现有统计机制中的服务数据进行调整，以获得测度数据。

（一）鼎韬的数字贸易涵盖范畴

1. 主张狭义的数字贸易：仅限于数字化交付的贸易

所谓数字贸易，是以数字技术作为生产工具、以数据流动为主要载体、以数字化交付为表现形式的服务于产品的跨境交付，以及完全依赖于数字技术、数据要素的各类贸易活动。其中数字技术、数据流动和数字化交付是数字贸易的三大要素及核心特征。在这三要素中，数字化交付是判断是否为数字贸易的关键和唯一标准。单独的数字订购只是贸易手段，并不能说明贸易的性质，例如跨境电商其交易标的仍然是货物，属于货物贸易范畴；利用携程平台购买出境游，仍然需要自然人跨境流动，其交易标的仍然是服务，属于服务贸易范畴。在数字订购的基础上，只有交付标的也是数字化的，才是数字贸易。

纵观全球针对数字贸易的研究可以发现，在统计上基本都是基于服务贸易展开，这是因为在相当程度上，数字贸易本质上就是服务贸易的数字化；一方面国际收支统计服务 12 个品类服务贸易的数字化转型为数字贸易提供了现实的基础，而另一方面，数字经济发展所产生的全新数字服务领域又丰富并扩大了服务贸易的内涵和外延。

2. 指出可数字交付服务贸易指标的双重局限性

在数字贸易的规模测算方面，目前一个比较通行的做法是将现有服务贸易统计体系中第 5—11 品类的规模，定义为可数字交付服务贸易，作为数字贸易规模的替代指标。

中国商务部在《中国数字贸易发展报告 2019》《中国数字贸易发展报告 2020》以及中国信通院在《数字贸易发展白皮书（2020 年）：驱动变革的数字服务贸易》中所采用的也是同样的统计方法。商务部研究院服务贸易研究所编印的内部读物也持同样的看法。

在鼎韬看来，可数字交付服务贸易作为一个趋势性指标，具有双重局限性。一方面“可数字化”不代表已经数字化，其中的贸易规模并不都是数字贸易；另一方面数字平台赋能的贸易、其他新兴的数字贸易领域以及服务贸易未涵盖的其他领域中也有大量的数字贸易规模没有纳入计算范围，因此统计数据不足以完全描述数字贸易的真实情况。

3. 主张按数字贸易化和贸易数字化两种类别分别测度

鼎韬主张借鉴数字经济分为数字产业化和产业数字化的思路，将数字贸易领域分为数字贸易化部分和贸易数字化部分。

国家统计局发布的《数字经济及其核心产业统计分类 (2021)》对各项数字经济领域统计分类已经有了明确的界定。即数字经济是指以数据资源作为关键生产要素，以现代信息网络作为重要载体，以信息通信技术的有效使用作为效率提升和经济结构优化的重要推动力的一系列经济活动。该分类将数字经济确定为五大类：01 数字产品制造业、02 数字产品服务业、03 数字技术应用业、04 数字要素驱动业、05 数字化效率提升业 5 个大类。其中前 4 大类属于数字产业化，后一类属于产业数字化。

比照数字经济分类，对商务部现有的服务贸易统计和服务外包统计制度重新划分出数字贸易化部分和贸易数字化部分。

（1）对服务贸易 12 个品类可数字交付性的审视

通过对比服务贸易 12 个品类和数字经济及其核心产业分类，可以发现：

第 7 品类——信息通信和计算机服务（简称“信通计服务”）属于数字贸易化范畴。

第 6 ～ 8 品类（保险和养老金服务，金融服务，知识产权使用费）和第 10 ～ 11 品类（个人、文化和娱乐服务，其他商业服务）属于贸易数字化部分。

第 3 品类（运输）和第 5 品类（建筑），一般被认为难以数字化的行业，但是被划入数字经济的范畴，从而其中也必然包含数字贸易的内容。

第 4 品类（旅游）、第 1 ～ 2 品类（维护维修、加工服务）和第 12 品类（政府服务）则完全无法施行数字化交付，应该排除数字贸易之外。

（2）离岸服务外包中的数字贸易

服务外包是商务部大力支持而发展起来的产业。根据《服务外包统计调查制度》(2022 年)和《服务业重点发展领域指导目录》，鼎韬发现离岸外包的信息服务外包（ITO）、业务流程外包（BPO）和知识流程外包（KPO）三大领域有许多业务属于数字贸易，其中“离岸信息技术外包”是典型的数字贸易（具体见表 7–10）；在知识流程外包服务中，其中的“文化创意及其数字内容服务”中的“数字内容服务”属于数字贸易范畴；在业务流程外包中，互联网营销推广服务中的“互联网媒体”服务、呼叫中心服务中的“智能客服”也属于数字贸易范畴。

表 7–10　离岸服务外包中的数字贸易业务细项

<table>
<tr><td rowspan="29">信息技术外包服务</td><td rowspan="8">软件研发</td><td>软件研发</td></tr>
<tr><td>嵌入式软件研发</td></tr>
<tr><td>套装软件研发</td></tr>
<tr><td>系统软件研发</td></tr>
<tr><td>软件咨询</td></tr>
<tr><td>软件维护</td></tr>
<tr><td>软件培训</td></tr>
<tr><td>软件测试</td></tr>
<tr><td rowspan="2">集成电路和电子电路设计服务</td><td>集成电路设计服务</td></tr>
<tr><td>电子电路设计服务</td></tr>
<tr><td rowspan="2">电子商务平台</td><td>电子商务平台开发</td></tr>
<tr><td>电子商务平台代运营</td></tr>
<tr><td rowspan="3">信息技术解决方案</td><td>信息技术战略咨询</td></tr>
<tr><td>设备软件分析优化咨询</td></tr>
<tr><td>信息化解决方案</td></tr>
<tr><td rowspan="5">信息基础设施和信息系统运维</td><td>信息技术基础设施管理</td></tr>
<tr><td>托管服务</td></tr>
<tr><td>数字内容服务</td></tr>
<tr><td>桌面管理与维护</td></tr>
<tr><td>信息系统应用服务</td></tr>
<tr><td rowspan="4">网络与数据安全</td><td>网络与信息安全咨询</td></tr>
<tr><td>风险评估</td></tr>
<tr><td>安全集成</td></tr>
<tr><td>安全运维</td></tr>
</table>

续表

信息技术外包服务		应急处理
		灾难恢复
		安全培训
		安全测评
		安全监理
		安全审计
	云计算与应用服务	软件即服务（SaaS）
		平台即服务（PaaS）
		基础设施即服务（IaaS）
	人工智能技术开发及应用服务	智能语音服务
		自动识别服务
		人工智能引擎平台服务
		制造流程智能化服务
		智能交通服务
		智能安防服务
		智能环卫服务
		智能家居服务
		多种人工智能技术融合服务
	物联网技术开发及应用服务	工业互联网基础设施
		工业互联网软件
		工业互联网信息安全
	区块链技术开发及应用服务	区块链技术服务
		区块链解决方案
		区块链平台服务
	大数据技术开发及应用服务	数据分析
		数据挖掘
	地理遥感信息及测绘地理信息服务	
业务流程外包服务	互联网营销推广服务	互联网媒体
	呼叫中心服务	智能服务
知识流程外包服务	文化创意及数字内容服务	数字内容服务

资料来源：鼎韬研究院制作。

（二）以数字渗透率为核心的测度方法

1. 数字渗透率的作用和定义

所谓数字渗透率，即以数字化形态交付的服务贸易额占企业全部服务贸易额的比例。其中

$$服务出口数字化渗透率=\frac{数字化交付跨境服务总收入}{全部跨境服务收入}$$

$$服务进口数字化渗透率=\frac{数字化交付跨境服务总支出}{全部跨境服务支出}$$

服务贸易数字化渗透率建立的核心思路在于：在暂时无法获得全行业统计数据的情况下，通过企业调研和样本采集获得足够数量的企业样本数据，利用统计模型和指标体系的建立，首先获得单个企业服务贸易总额中的数字化渗透率，从而计算得出单个企业数字贸易的规模和占服务贸易总额中的比例，进而将同行业所有企业的数字化渗透率汇总，通过建立加权模型计算得出某一行业整体的数字化渗透率水平，从而可以计算得出该行业的数字贸易规模和占该行业服务贸易总额的比例，最后将服务贸易各个品类的数字化渗透率汇总，利用加权模型最终计算得出整个服务贸易中的数字贸易总额和数字化渗透率水平。

从评价对象角度，该体系分为企业测度（微观评价），针对细分领域的行业测度（中观评价）和服务贸易数字化总体规模测度（宏观评价）三个层级。其中，企业测度是渗透率评价体系的基础，利用与企业测度相同的指标体系，采用行业数据计算各指标数值得出细分行业的数字化渗透率水平，再采用全行业数据计算各指标数值，得出服务贸易整体数字化发展规模测度。

2. 数字贸易额的具体组成部分

数字服务贸易额由其包括的 3 个组成部分的数字贸易额加总得到：ICT 服务贸易额、离岸数字外包服务额、其他服务贸易中的数字贸易额。

（1）ICT 服务贸易额

电信、计算机和信息服务贸易额全额纳入数字服务贸易统计。

（2）离岸数字外包服务额

离岸数字服务外包额由其包括的 3 个品类的全部或部分贸易额加总得到：

①离岸信息技术外包额；

②离岸知识流程外包额中的文化创意；

③离岸业务流程外包中互联网营销推广服务中的：

A. 互联网媒体服务额；

B. 呼叫中心服务中的智能客服额。

④数字内容中的数字内容外包额。

3. 基于数字化渗透率测算其他服务贸易中的数字贸易额

通过数字化渗透率将包含在 BOP 服务贸易中的其他 7 类服务贸易中以数字交付和数字订购的服务规模纳入数字贸易统计范围。

表 7–11　数字贸易涵盖范畴及纳统办法

<table>
<tr><th>渗透形态</th><th>服务贸易类型</th><th>纳统方式</th><th>服务贸易和服务外包业务分类</th><th>服务类别细分</th></tr>
<tr><td rowspan="6">数字贸易化</td><td rowspan="3">电信、计算机和信息服务贸易</td><td rowspan="6">按右列细分类别全部纳统</td><td rowspan="3">电信、计算机和信息服务</td><td>电信服务</td></tr>
<tr><td>计算机服务</td></tr>
<tr><td>信息服务</td></tr>
<tr><td rowspan="3">离岸服务外包</td><td>信息服务外包（ITO）</td><td>全部</td></tr>
<tr><td>业务流程外包（BPO）</td><td>其中：互联网媒体</td></tr>
<tr><td>知识流程外包（KPO）</td><td>其中：智能客服</td></tr>
</table>

续表

渗透形态	服务贸易类型	纳统方式	服务贸易和服务外包业务分类	服务类别细分
贸易数字化	其他服务贸易	纳入基于各自的服务出口/进口数字渗透率的数字化交付部分金额	保险和养老金服务	寿险
				非人寿险
				再保险
				标准化担保服务
				保险辅助服务
			金融服务	除保险和养老金服务之外的金融中介和辅助服务
			个人、文化和娱乐服务	视听和相关服务
				教育服务
				医疗服务
				其他文化和娱乐服务
			其他商业服务	研发成果转让费及委托开发
				法律、会计、广告等专业和管理咨询
				技术服务
				经营性租赁
				货物或服务交易佣金及相关服务
				办事处、代表处等办公经费
				上述未提及的其他商业服务
			知识产权费	其他未涵盖的知识产权费
			运输	海运
				空运
				其他运输方式提供的服务
				邮政及寄递服务
			建筑	境外建设
				境内建设

资料来源：贾怀勤根据鼎韬报告改制

（三）鼎韬的企业调研和测度结果

1. 企业调研

2020—2022 年，鼎韬针对北京、上海、天津、广东、江苏、浙江、山东等省市地区的近 2 000 家服务贸易企业进行了专题调研。企业行业分布涵盖除政府服务外的 BOP 服务贸易 11 个类别，以及服务外包、中医药服务、数字技术服务、数字内容服务和数字中介平台服务等特色服务贸易领域和产业新兴业态；企业类型涵盖总部和集团等大型企业，行业领军及骨干型企业，以及创新型中小企业等。

在调研过程中，综合应用了问卷调研、电话及在线交流、实地访谈等多种方式，对企业调研数据进行多轮核实、验证，排除不合理数据，力图最大程度全面、真实、客观和准确地评估当前中国服务贸易的数字化升级和发展情况。

2. 数字贸易规模测度方法

完全依托现有服务贸易和服务外包统计体系获取基础数据。

指标测度：在重点服务贸易企业统计监测中加入数字化交付比统计，分别针对进口企业和出口企业统计企业直接通过数字化交付或数字化方式获取的服务贸易额；以直接统计企业数据为样本，利用服务贸易的数字化渗透率指标对数字贸易规模进行测度。

统计数据去重：现有服务外包统计中，尤其是信息服务外包与服务贸易统计中的“电信、计算机和信息服务”有重合，在数据统计过程中需要做去重处理。

3. 数字贸易规模测度结果

最终测算得出 2019—2021 年中国数字贸易的进出口规模从 15 704.3 亿元增至 18 543.9 亿元。

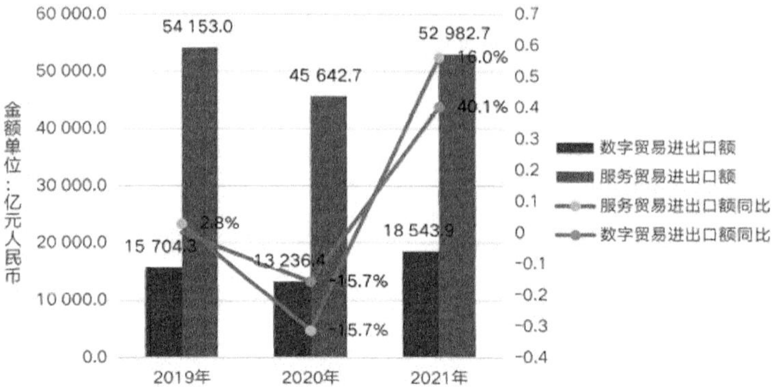

图 7-13　2019—2021 年中国数字贸易与服务贸易规模

资料来源：鼎韬研究院制作。

基于数字贸易进出口规模，我们进一步测算得出 2021 年服务贸易重点领域的数字化渗透率达到 34.7%，较 2020 年的 29% 提高了 5.7 个百分点。

表 7-12　重点细分领域的数字化渗透率水平

重点细分领域	数字渗透率（%）
个人、文化和娱乐服务	42
知识产权使用费	41
金融保险服务	34
其他商业服务	33
运输服务	26
建筑服务	25

注释："金融保险服务"因调研采集样本影响，将"金融服务"及"保险和养老金服务"合并分析。

资料来源：根据鼎韬调查数据测算结果。

4. 运输服务和建筑服务的数字化成分

鼎韬研究院调研了运输和建筑行业，发现这两个行业存在数字化成分，为将其列入数字贸易测度提供了依据。

中国船东协会、中国港口协会、中国集装箱行业协会和上海国际航运研究中心发布的《国际物流产业数字化研究报告 2022》指出，运输行业将分三步实现数字化。第一步是业务数字化，主要是利用电子化、信息化的方式去传递和保存物流信息，实现物流业务的在线受理，物流节点的全面可视，信息、资金的可靠流转等。第二步是流程自动化，利用自主机器设备、数字机器人、自动驾驶等相关技术来实现物流链条全流程操作的自动化。第三步是经营智慧化，利用人工智能、大数据、数字孪生等相关技术实现无人工干预的智能决策、自主运行。总之，随着国际物流数字化的转型进入深水区，其发展已不是简单地将线下业务放在线上受理，而是利用数字技术对国际物流的全流程进行模式再造。

中国信息通信研究院在《数字建筑发展白皮书2022》中指出，建筑行业沿着工业化、数字化、智能化方向推进。大数据、云计算和工业互联网等新型数字技术向建筑行业加速渗透。建筑信息建模（Building Information Modeling，BIM）的应用，实现多专业协同设计，一体化建筑、标准化交付、智能化维护。

诚然，运输服务和建筑服务的最终成果是实体呈现，但是随着运输服务和建筑服务的数字化，出现了多种专业化的企业之间的协同服务，如果协调服务通过跨越国境的远距离交付方式，则有数字服务贸易发生。这是一种理论上的认识。

在实践方面，鼎韬产业研究院在对国内数省2 000多家企业研究后，提出了运输和建筑服务应划在可数字交付服务之列的主张，并进行了试测度。

三、地方政府的数字贸易试测度

国内一些省（自治区、直辖市）、市和数字服务出口基地也开展了对本区域层面的数字贸易试测度。本书介绍其中某省级行政区和某副省级城市的测度方案和测度结果。因为他们的测度方案和测度结果没有正式对外发布，本书隐去他们的名称和与之合作的智库名称，也不披露测度结果的绝对值，只给出相对数。

（一）某省级行政区的数字贸易试测度

1. 货物数字贸易的构成

某省级行政区（以下简称某地）采用超宽概念的数字贸易，涵盖货物数字贸易和服务数字贸易，其货物数字贸易分为跨境电子商务和数字硬件产品进出口两部分。前者是借助数字化的电商平台开展的贸易活动，能够促进货物供需对接、订购、展销和交付效率的提升，体现贸易数字化；后者包括计算机、通信设备、智能终端、多媒体设备等数字装备和设备的进出口，体现数字贸易化。测度公式是：

数字货物贸易额 = 货物类跨境电子商务贸易额 + 数字硬件产品贸易额。

公式等号右边两项数据来源于海关跨境电商货物和数字硬件设备实际进出口统计，无须开发数据测算方法。

2. 服务数字贸易的构成

试测度方法开发的重点在数字服务贸易方面，包含国际收支服务贸易统计（BOP）12 个品类，分三种情况处理。

（1）ICT 服务，即电信、计算机和信息服务，全额纳入数字服务贸易统计。

（2）ICT 技术支持的服务，包括保险服务、金融服务、知识产权使用费、文化和娱乐服务、其他商业服务，指可以数字交付的服务，分别计算各品类的服务贸易额与实交比之积，然后加总。

ICT 服务和 ICT 技术支持的服务体现数字贸易化。

（3）其余服务部门虽然以线下交付为主，但数字技术可以有效赋能带动贸易效率和质量提升的服务类型，通过数字化率测算数字技术贡献部分并将其纳入数字贸易统计范围，体现贸易数字化。为 ICT 技术赋能的服务，包括运输、旅行、建筑、维护和维修服务、加工服务、其他政府服务，分别计算各品类的服务贸易额与数字订购比之积，然后加总。

表 7–13 数字贸易涵盖范畴

大类	数字商品及其渗透方式	具体商品类别	渗透形态
货物数字贸易	ICT 相关货物产品	数字硬件产品进出口[1]	数字贸易化
	ICT 技术赋能的货物贸易	货物类跨境电子商务[2]	贸易数字化
服务数字贸易	ICT 服务	电信、计算机和信息服务	数字贸易化
	ICT 技术支持的服务	保险服务、金融服务、知识产权使用费、文化和娱乐服务、其他商业服务	
	ICT 技术赋能的服务	运输、旅行、建筑、维护和维修服务、加工服务、其他政府服务	贸易数字化

注：

1. 海关商品编码第 84 章、第 85 章、第 90 章、第 98 章中相关的数字硬件产品。

2. 纳入海关跨境电商相关监管方式代码的货物。

资料来源：根据某地商务部门课题组《某地数字贸易统计测度制度（草案）》。

3. BOP12 个服务类别的总体数据获得途径

12 个品类的贸易数据通过以下三种方式获取，三者互为补充：一是以商务部口径的服务进出口数据作为直接数据来源，结合时间序列分析法、数据构成解析法等，解决数据滞后性和粗粒度问题；二是以国家外汇管理局国际收支口径数据为基础，通过对标转换为商务口径数据使用；三是通过建立数字贸易专项统计制度直接采集数据，面向未来设计数字贸易统计监测系统和机制，自主组织辖区内企业和相关单位填报数字贸易相关数据。

4. 数字服务贸易测算参数的涵义和计算方法

数字服务贸易额的测算主要涉及两个参数，一是用于提取 ICT 支持的服务中可线上交付部分的数字交付比，二是用于提取 ICT 赋能的服务中数字技术贡献份额的数字化率。

（1）数字交付比

f_i 为数字交付比，具体表示 ICT 技术支持的保险服务、金融服务、知识产权使用费、文化和娱乐服务、其他商业服务五类服务的平均线上交付比例。

通过对该省五类服务的调查数据、典型代表企业研究等发现，这五类服务的在线交付分为以下几种情况：

保险服务、金融服务和知识产权使用费属于第一种情况，基本实现 100% 数字交付，即 f_1=100%、f_2=100%、f_3=100%。这三类服务可以全额纳入数字贸易统计。

个人、文化和娱乐服务，其他商业服务属于第二种情况，其绝大部分为数字交付，亦存在小部分线下交付样态，需要具体计算相应的数字交付比 f_4 和 f_5。同时，利用统计局重点网上交易平台数据，分析平台跨境服务占比进行验证。文娱服务、其他商业服务在简化处理情形下也可全额纳入数字贸易统计。

（2）数字化率

数字化率是指数字技术在运输、旅行、建筑、维护和维修、加工、其他政府服务六类服务贸易实现过程中的贡献比例。

数字化率以数字应用贡献测算法（典型企业分析调查）为主，同时采用多种备选测算方法进行补充验证，包括投入产出测算法、产业链拓展测算法、研发创新测算法等方法。

5. 测度结果

根据以上设计的方法，对该地 2019 年和 2020 年的数字贸易额进行了测算。由于数据尚未公开，本书只能以相对数的形式披露。下面两张表的“总额”指进出口总额，即出口额与进口额之和。

表 7–14 2020 年某地数字服务贸易各类别内部比例关系

服务类别	服务贸易各类在总额中占比（%）	数字交付比/数字化率（%）	数字服务贸易各类在总额中占比（%）
电信、计算机和信息服务	14.2	100	22.8
保险服务	8.9	100	14.3
金融服务	1.9	100	3.1
知识产权使用费	3.9	100	6.3
个人、文化和娱乐服务	1.9	73.1	2.2
其他商业服务	18.2	72.8	21.4
建筑	8.2	29.2	3.8

续表

服务类别	服务贸易各类在总额中占比（%）	数字交付比/数字化率（%）	数字服务贸易各类在总额中占比（%）
旅行	15.8	33.8	8.6
运输	21.4	41.6	14.3
维护和维修服务	1.3	33.3	0.7
加工服务	0.6	23.5	0.2
政府服务	3.7	37.5	2.3
总额	100.0	62.1	100.0

资料来源：贾怀勤根据某地商务部门课题组《某地数字贸易统计测度制度（草案）》中贸易额数据计算。

表 7–14 披露的是 2020 年该地数字服务贸易按 BOP 服务分类的内部比例关系。宾词第一栏是关于测度的基础数据——服务贸易额的各类别占比。前六类即数字可交付服务或知识密集型服务中，“其他商业服务”和“电信、计算机和信息服务”占比排前两名，分别是 18.2% 和 14.2%。往下依次是“保险服务”占 8.9%，“知识产权使用费”占 3.9%，“金融服务”和“个人、文化和娱乐”各占 1.9%。后六类中，“运输”和“旅行”排在最前面，分别占 21.4% 和 15.8%。“建筑”排在第三位，占 8.2%。“政府服务”第四，占 3.7%。而与制造直接有关的“维护和维修服务”和“加工服务”是该地外移的产业，占比很小。

宾词第二栏“数字交付比 / 数字化率”是测度结果，其中前四类服务的数字交付比高达 100%，个人文化和娱乐服务，其他商业服务的数字交付比达 70% 之上，另外的六类服务数字化率在 20% 到 50% 之间。

再看宾词第三栏，数字服务贸易的各类占比，“电信、计算机和信息服务”“其他商业服务”“运输”“保险服务”排前四。与第一栏的占比相比，排序略有变化。这种变化是原有占比与各类的数字交付比 / 数字化率交乘作用所致。单纯看数字交付比 / 数字化率，超过 40% 的有“电信、计算机和信息服务”“保险服务”“金融服务”“知识产权使用费”“个人、文化和娱乐服务”“其他商业服务”和“运输”。

从最后一行看出，各类数字服务贸易额总和相当于各类服务贸易额总和的62.1%，也就是各类别数字化加权平均水平达到62.1%。

表 7–15　2019 年某地数字贸易各大类之间比例关系

	第一层比率（%）	第二层比率（%）
进出口总额	100	
I. 数字货物贸易额	16.4	100
I. i 跨境电商		6.5
I. ii 数字硬件贸易		93.5
II. 数字服务贸易额	83.6	100
II. i 电信、计算机和信息服务		9.9
II. ii ICT 技术支持的服务		28.6
II. iii ICT 技术赋能的服务		61.5

资料来源：贾怀勤根据某地商务部门课题组《某地数字贸易统计测度制度（草案）》中贸易额数据计算。

表 7–15 披露 2019 年该地数字贸易各大类之间的比例关系。宾词第一栏表明该行政区数字服务贸易额占比高达 83.6%，数字货物贸易额只占 16.4%。从宾词第Ⅱ栏看，在数字服务贸易中，电信、计算机和信息服务、ICT 技术支持的服务和 ICT 技术赋能的服务分别占 9.9%，28.6% 和 61.5%。在货物数字贸易中，数字硬件贸易占比高达 93.5%，而跨境电商仅占 6.5%。

（二）某副省级城市的数字贸易试测度

某沿海副省级城市（以下简称某市）采用鼎韬的数字贸易理念和测度方法，对本市的数字贸易开展了试测度。他们针对本市服务贸易重点企业进行了专题问卷调研，共搜集到调研样本 41 份。样本数据涵盖“旅行服务”“运输服务”“建筑服务”“加工服务”“维护和维修服务”五大传统领域，“电信、计算机和信息服务”“个人、文化和娱乐服务”“知识产权使用费”“其他商业服务”“金融保险服务”等知识密集型领域，以及“服务外包”“数字技术服务”“数字内容服务”“数字中介平台服务”等特色服务贸易领域以及产业新兴业态。同时实地走访 9 个市辖区、政府机关、园区及企业等 20 余家单位。

按 BOP 服务贸易统计，2021 年该市可数字交付服务贸易规模为 21.56 亿美元，占服务贸易进出口总额的比重约为 12.63%。而数字贸易试测度结果显示，2021 年该市数字贸易规模约为 55.14 亿美元，同比增长 72.05%。

两相对比，可知该市数字贸易的实际进出口额较可数字交付服务贸易值多出 33.58 亿美元，占服务贸易总额的比重也相应高出约 20 个百分点。他们认为，鉴于更清晰的测算逻辑和更细致的企业调研数据颗粒度，数字贸易测度数据更加贴近该市的产业特点和数字化升级的实际水平（见表 7–16）。

表 7–16　2021 年某市数字服务贸易各类别内部比例关系

服务类别	数字化渗透率（%）	各类服务在数字贸易总和中占比（%）
服务贸易	32	100.0
其中：运输	21	47.4
建筑	17	0.2
金融保险服务	98	1.6
电信、计算机和信息服务	100	5.2
知识产权使用费	67	3.9
个人、文化和娱乐服务	23	0.1
其他商业服务	47	12. 3
离岸数字服务外包	100	29. 3

资料来源：贾怀勤根据某市《关于推动我市构建数字贸易发展新格局的专题调研报告》中贸易额数据计算。

四、国内数字贸易试测度的总结

（一）现有数字贸易测度的不同方法归纳

如前所述，国内各级商务机构的数字贸易规模统计大致可以分为两种情况：一是按可数字交付服务口径刻画服务数字贸易规模，直接摘取现有 BOP 服务贸易统计数据（截止到 2022 年商务部和浙江省采用此模式）；二是按数字技术与服务贸易的融合思路，通过企业调查测度其融合比，再以其测算数字服务贸易的实际规模。后者在实践探索中又形成了两种模式：（1）以工信安研中心为代表的“6 与 5”实交与订购双测模式；（2）以鼎韬为代表的“7+3”实交且订购单测模式（如鼎韬测度全国层面服务数字贸易，沿海某省测度该省级层面服务数字贸易，某副省级城市测度该市级层面服务数字贸易）。

（二）融合比法的要义

表 7-17　基于融合比法测度服务数字贸易的两种模式

<table>
<tr><td colspan="5">（1）“6 与 5”实交与订购双测模式</td></tr>
<tr><td rowspan="2"></td><td colspan="2">BOP 服务第 6 ～ 11 类</td><td colspan="2">BOP 服务第 1 ～ 5 和 12 类</td></tr>
<tr><td>融合比名称</td><td>纳统类别及其融合比确定方法</td><td>融合比名称</td><td>纳统类别及其融合比确定方法</td></tr>
<tr><td>工信安研中心测度全国层面</td><td>数字实交比</td><td>电信、计算机和信息服务的融合比 =100%。其余根据调查确定</td><td>数字订购比</td><td>第 1 ～ 5 类纳统，其融合比根据调查确定。第 12 类不纳统</td></tr>
<tr><td>某省级行政区层面</td><td>数字交付比</td><td>保险和养老金服务、金融服务、知识产权使用费的融合比 =100%。其余根据多种方法确定</td><td>数字化率</td><td>所有 6 类都纳统。其融合比通过多种方法确定</td></tr>
<tr><td colspan="5">（2）“7+3”实交且订购单测模式</td></tr>
<tr><td></td><td colspan="3">BOP 服务第 3、5、6 ～ 11 类
共 7 类</td><td>离岸服务外包的 ITO，BPO，KPO 共 3 类</td></tr>
<tr><td>鼎韬测度全国层面</td><td>数字渗透率</td><td colspan="2">电信、计算机和信息服务数字渗透率 =100%
运输服务、建筑服务、保险服务、金融服务、知识产权使用费、个人文化和娱乐、其他商业服务的数字渗透率根据调查确定</td><td>取自服务外包统计数据</td></tr>
<tr><td>某市层面</td><td>同上</td><td colspan="2">同上</td><td>同上</td></tr>
</table>

资料来源：贾怀勤根据各方面资料归纳而成

表 7-17 提出工信安研中心和鼎韬两种模式都基于融合比法。该法虽然冠以一个比率的名称，但它不仅是个比率算法，其要义是：

首先，在现有统计机制不能直接提供现成数据的前提下，设立服务分类别的数字贸易融合因子，将之作用于国际服务贸易相应类别统计数据，测算现有统计框架不能直接提供数字贸易规模数据。

其次，该因子称为“融合比”，表示数字技术对服务贸易的赋能程度，其数据可以通过企业样本调查等多种途径获得。

最后，数字技术的赋能表现在服务交付和订购两个场景，因此融合比在具体测度中可以被赋予不同具体名称。

基于融合比法的“6 与 5”实交与订购双测模式和“7+3”实交且订购单测模式，各自有其不同的数据来源和测算方法，因而各有特色和不足。

融合比法本来是在向国家商务主管部门的具体司局的建议中提出的，该司的服务贸易重点联系企业常规问卷调查也加入了关于数字服务贸易的问题，只是至 2022 年仍没有采用融合比法对数字贸易开展测度。一些智库和地方政府主管部门所开展的全国层面或地区层面的数字贸易试测度，为国家主管机关提供了经验，也是对其开展数字贸易测度的促进。

（三）建立统一完善的数字贸易统计体系的必要性

上述副省级城市就数字贸易统计监测提出的问题值得各有关方面关注。

其一，国家层面不同数据来源的协调使用问题。

目前数字贸易数据统计有两个核心来源，一是商务部的服务贸易业务统计监测平台和服务外包业务统计平台，首先这两个平台的数据联动尚未实现，存在重复统计的问题，其次服务贸易业务统计系统应用时间较短，覆盖企业范围有限，暂时不能够有效支撑全国服务贸易和数字贸易的整体规模数据测算和分析。二是商务部和外汇管理局提供的服务贸易统计数据，两部门在服务贸易的数据统计口径和结果方面存在较大的差异。

其二，地方层面测度面临的数据来源局限性问题。

在市级层面测算，数据来源具有相当大的局限性。只能通过企业调研和样本统计数据进行行业数据反推和估算，力图最大限度地评估和分析本市当前服务贸易各个领域的数字化发展现状及特点。由于企业样本数量有限等问题，都会对最终的统计分析结果产生影响。

总之，从长期发展角度而言，必须在全国层面建立一个统一完善的数字贸易统计体系。

（本章撰稿人：高晓雨、殷利梅、方元欣、王梦梓，齐允中，石中金，贾怀勤）

第八章 《数字贸易测度手册（第二版）》的继承与改变

2023 年 8 月，世界贸易组织等发布《数字贸易测度手册（第二版）》（以下简称手册 2.0），这与 2020 年 1 月手册第一版只隔 3 年半。两版手册在基本精神上一脉相承，但是也有一些值得注意的变化。

手册 1.0 由世贸组织、国际货币基金组织和经合组织共同组织编写。而手册 2.0，编纂组织者在以上三个国际组织之外，又有贸发会议加入其中。

不能简单地认为这是数学的 3+1=4。本书前已写明，国际社会对数字贸易概念存在着宽与窄之辩。2017 年，世贸组织、国际货币基金组织和经合组织的委托专家组构建的数字贸易测度三维架构，在交易标的（What）一维包括货物和服务[①]，在交易方式（How）一维则分为数字订购和数字交付，这也是而后两版手册所遵循的原则，体现的是产品和交易方式双重宽口径概念。而贸发会议长期以来发布的都是可数字交付服务贸易值，可以认为是遵循产品和交易方式的双重窄口径。贸发会议加入手册 2.0 编纂组织工作，表明它认同了宽口径概念和测度原则。至此，主要国际组织都确认了数字贸易的宽概念。

本章第二节指出数字交付贸易在交付技术手段范畴上的“拓宽”，与手

① 2017 年专家组提出的数字贸易测度架构，对交易产品实行三分，分为货物、服务和信息。在 2020 年发布数字贸易测度手册时，改为只含货物和服务的二分法。

册编纂组织者“扩员”同时发生，究竟是巧合，还是存在其他原因，无从得知。

一、数字贸易测度架构的继承与改变

数字贸易测度架构是开发数字贸易测度指标和方法的出发点。手册 2.0 与手册 1.0 相比，在数字贸易测度架构上有哪些继承，又有哪些改变，是本章要考察的首要问题。

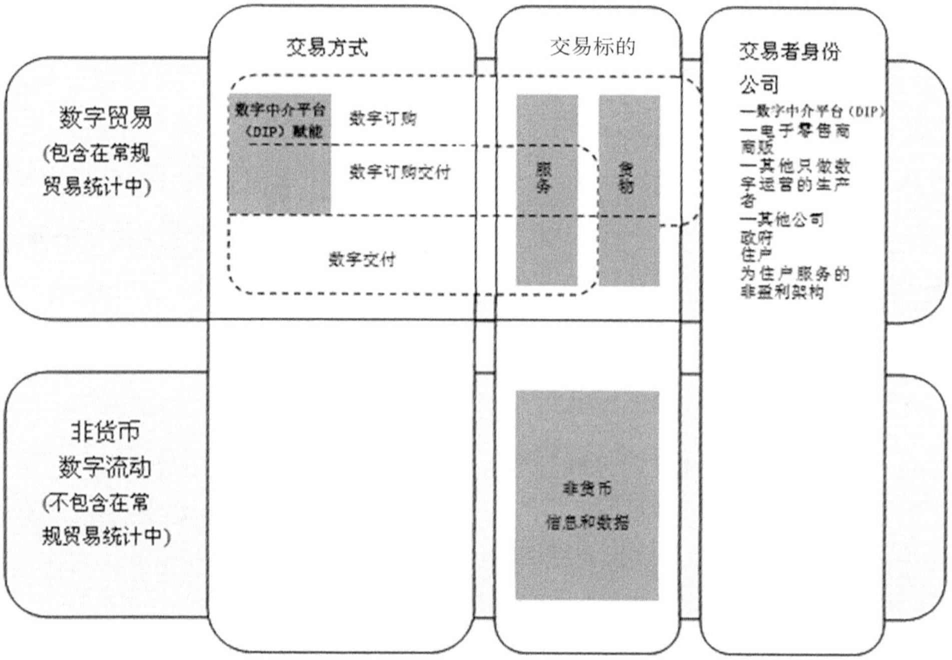

图 8–1　手册 2.0 的数字贸易测度架构

资料来源：贾怀勤根据原文翻译绘制。

手册 2.0 的数字贸易架构完全继承了 1.0 版：首先区分数字贸易和非货币的数字流动；然后按交易方式（How）、交易标的（What）和交易者身份（Who）三个维度绘制三个子框，交易方式框包括数字订购、数字交付和数字订购且数字交付；交易标的框包括货物和服务；交易者身份框把各种交易者一一列出。

需要注意两者之间有 3 点差别：

第一，交易者身份框里“数字中介平台（DIP）赋能”子框的位置不同，它在 1.0 版中是上下贯通，表示为各种贸易和非贸易赋能；在 2.0 版中它只对应于“数字订购”和“数字订购且数字交付”，表明它只为数字订购赋能，而数字交付与之没有必然联系。

第二，1.0 版中“数字订购”“数字订购且数字交付”“数字交付”3 个子框平行排列，不存在交互关系。2.0 版中“数字订购”和“数字交付”两子框是相交关系，其交集是“数字订购且数字交付”，以此强调“数字订购且数字交付”是“数字订购”与“数字交付”的重复测度部分。

最后，交易者一栏，2.0 版对“公司”进一步划分为 DIP、电子零售商、其他数字运行生产商和其他公司。

二、数字贸易定义的继承与改变

（一）定义数字贸易的原则一以贯之

1. 继承手册 1.0 围绕交易方式下定义

手册对数字贸易所下定义是围绕交易方式这一维。数字贸易定义基于贸易的性质而不是被交易产品的特征或交易参与者的特征，交易的性质——数字订购和 / 或数字交付——是数字贸易定义首要特征，即是说正是交易方式确定了数字贸易范围。满足这些特征的任何一个——数字订购或数字交付，都足以使给定的交易成为数字贸易。

2. 继承手册 1.0 对贸易标的采用二分法

前文指出，手册在酝酿阶段曾有过对贸易标的三分法的设想，但是最终出台的手册 1.0 还是使用了货物和服务二分法。手册 2.0 继续使用这样的划分方法，明确了数字贸易不是独立的贸易形态，而是包含于货物贸易和服务贸易之中，定义数字贸易的核心出发点在于贸易的性质而非贸易的标的，即数字贸易的统计就是以数字交付和 / 或数字订购为标准从现有贸易总额中进行剥离。

手册认为，数字贸易是数字技术背景下货贸和服贸利用数字技术出现的新变化，是现有贸易的一个子集，以国际货物贸易统计和国际服务贸易统计来衡量。数字贸易并不是凭空出现的，而是在传统货贸和服贸基础上由于数字技术出现而出现的新的贸易形态，并不是全新的贸易板块，而是包含在现有贸易之中，是现有贸易统计基础上的剥离。

3. 继承手册 1.0 重视数字交易中介平台作用和测度挑战

通过数字交易中介平台（DIP）的订购是数字贸易重要（而非唯一）表现形式，它包含在数字订购中，而不是与前两者并列的数字贸易分类。手册对数字交易中介平台作用给予特殊的重视，因而提出对其进行单独的测度是出于以下三方面考虑：

（1）数字交易中介平台对经济和贸易的潜在变革性具有独特的影响；

（2）手册有针对性地关注数字交易中介平台，包括专门的调查工具，可能会为数字订购和数字交付的交易提供（部分）结果；

（3）手册使得对数字交易中介平台具体概念的理解和统计测度具有新的挑战，尤其在服务提供商与买卖双方或一方处于不同经济体中的情景下。

（二）手册 2.0 关于数字贸易定义的继承和拓展

手册围绕交易方式给数字贸易下了两个层次的定义，首先是用数字订购和数字交付为数字贸易下总定义，然后再分别围绕交易方式的具体技术手段给数字订购贸易和数字交付贸易下分定义。3 个定义共同构成数字贸易的定义。在这一点上，两版手册是一致的。

表 8–1 手册 2.0 与手册 1.0 数字贸易定义对比

<table>
<tr><th colspan="2">手册1.0</th><th colspan="2">手册2.0</th></tr>
<tr><td rowspan="2">数字贸易是所有数字订购和/或数字交付的贸易</td><td>数字订购贸易是通过专门为接收或发送订单设计的计算机网络实现的国际物品和服务贸易</td><td>数字订购贸易是通过专门为接收和发送订单设计的计算机网络实现的货物和服务的国际售卖或购买</td><td rowspan="2">数字贸易是所有数字订购和/或数字交付的国际贸易</td></tr>
<tr><td>数字交付贸易是通过专门设计的计算机网络电子格式远程交付的国际交易。其所谓“通过专门设计的计算机网络”不包括电话、传真、手动录入邮件的订单</td><td>数字订购贸易是所有的通过计算机网络远程交付的国际贸易交易</td></tr>
</table>

资料来源：手册 1.0 和手册 2.0

1. 关于数字贸易的定义

1.0 版的总定义说“数字贸易是所有数字订购和 / 或数字交付的贸易”。2.0 版说“数字贸易是所有数字订购和 / 或数字交付的国际贸易”，进一步强调贸易的“国际”属性。其实，即便不强调，“贸易”一词本身就指产品在国际市场上的交易。

2. 关于数字订购贸易的定义

1.0 版规定数字订购贸易“是通过专门为接收或发送订单设计的计算机网络实现的国际物品和服务贸易”。2.0 版规定它“是通过专门为接收和发送订单设计的计算机网络实现的货物和服务的国际售卖或购买”。两者没有原则差异。这里的关键是如何理解“专门为接收和发送订单设计的计算机网络”。1.0 版有关段落明确排除诸如电话、电传或手动电子邮件等机制，2.0 版依旧有这样的规定。

对数字订购贸易的定义作出以下解读：

（1）涵盖范畴

计算机网络包括全球性的公共计算机网络的互联网和其他的计算机网络，

后者包括内部网络（局域网）、非基于 IP 的专有外部网络（例如为早期版本的 EDI 而建立的网络）、电子数据交换（EDI）和自动化电话系统。

以上所说计算机网络须使用专门为接收或下订单而设计的方法。

通过电话、传真或手动输入电子邮件的订单不在数字订购交易之内；使用数字签名形式化的线下交易也不在数字订单交易之内。

（2）只以订购为凭。对于数字订购的交易，商品或服务的支付和最终交付不必在网上进行。

关联企业间的交易：很大比例的货物和服务进出口发生在关联企业之间。附属企业可以使用专用网络或专有计算机系统在集团成员之间接收和下订单。同样的原则也适用于非附属企业之间的贸易，通过这种系统进行的订购将构成数字订单贸易。

3. 关于数字交付贸易的定义

手册 1.0 版规定数字交付贸易“是通过专门设计的计算机网络电子格式远程交付的国际交易”。与数字订购的定义一样，明确指出必须“通过专门设计的计算机网络”，不包括电话、传真、手动录入邮件的订单。但是手册 2.0 版的定义有了原则性变化，它指的是“所有的通过计算机网络远程交付的国际贸易交易”。这里没有“专门设计”云云。而后在第四章“数字交付贸易”的 4.1 节“引言”第四段写道：

“与即时发生的数字订购不同，数字交付可以在较长的时间段内发生，此间有显著的人与人互动程度，数字交付服务不能定义成完全没有人与人互动的服务交付。它是通过计算机网络远程实现互动。因此数字交付所涉及的技术范畴比数字订购要宽，使用视频电话、手打电子邮件、声音电话、电传和任何其他数字沟通设施，乃至云网络交付服务，都包含在数字交付贸易之内。”

如上所述，手册 2.0 把数字交付的技术范畴扩大到任何在线远程交付。这个“拓宽”对实际测度数字交付服务具有实质性影响。

对该定义做出以下解读。

（1）只能是服务贸易

货物不能以数字交付，“数字交付”只涵盖服务的交易。只有服务可以通过数字方式交付。

（2）只考察是否数字交付

对于数字交付交易，服务的订购不必在网上进行。

（3）远程交付

数字交付可以在更长的时间内进行，并且可以涉及很大程度的人际互动。数字交付的服务并不是被定义为在服务交付过程中完全没有人与人之间的交互，但当这种交互发生时，它们会通过计算机网络远程发生。因此，与数字交付相关的技术范围比数字订购更广；通过视频通话、手动输入的电子邮件、语音通话、传真信息和任何其他数字通信设备，以及通过云网络提供的服务，都包括在数字传输的贸易中，对于通过多个交互进行的交易（例如，建筑公司可能通过电子邮件发送信息，并与客户会面讨论项目）或在连续的基础上（如经纪或保险服务），分类为数字交付或非数字交付的交易应根据统计期间内服务合同的履行方式反映在会计基础上交付的性质。

（4）交付手段的拓宽

不再强调“专门设计”的计算机网络。但是只通过电话、传真、视频电话或电子邮件交付的服务不包括在数字交付贸易中。

数字交付的贸易包括通过应用程序提供的服务。

制造外包不是数字服务。制造商或建造商将合同外包给第三方（即后者承担生产）不应被视为被委托人（应答企业）数字远程交付。

（三）手册 2.0 最大的亮点：把可数字交付服务聚焦到服务交付模式一

1. 聚焦服务交付模式一

贸发会议所发布的可数字交付服务的贸易值只能被视为对实际数字交付服务的上限估计，它并没有足够接近于要测度实际数字交付贸易。因此，关键是探索如何刻画实际上以数字方式交付的服务，以便更接近地测度实际数字交付服务的贸易值。

依据手册 2.0 的精神，对数字交付服务的测度可以聚焦到《服务贸易总协定》规定的服务贸易模式一（跨境交付）上。

对于模式二，尽管一些服务可以在国外进行数字交付和消费，但它们的价值，就像通过邮寄提供的服务一样，可以忽略不计。

对于模式四，通过自然人的存在提供的服务，通常不能以数字方式提供。

特别需要指出，对于模式三，尽管数字化可能对商业存在产生影响，但外国附属机构的所在地服务提供，无论是线下交付还是线上交付，都不属于当下数字贸易要考察的范畴，两版手册对此的处置是一以贯之的。

2. 提出获取数字交付服务数据的两条途径

手册 2.0 第 4 节“数字交付服务测度”下分两个小节，分别是第一小节“基于专家判断的估算”和第二小节“通过商务调查采集数据开展测度”。第一小节提出：针对扩延的国际收支平衡表（EBOPS 2010）中的数字可交付服务，由专家对服务各品类中数字交付服务的占比提出判断。而这种判断应该是分国进行，对如下诸影响因素做出评价，如不同产业的数字化程度及其在数字可交付产品贸易中的作用、数字技术和技能的普及程度、贸易对象国的有关状况等。且这种判断需要常规性更新以反映数字技术的进步状况。然而并非所有各国都有开展这样定制评价的资源。鉴于以上情况，国际组织试图估算一个标准的份额分配的初始值。

框文 4.6“全球数字交付服务出口的估计”对国际组织的估算做了较为详细的说明。《国际服务贸易统计手册 2010》包含一个对应服务四种交付模式的服务测度架构，还根据 EBOPS 服务品类最接近交付方式的原则，提出一个简化的四种模式分配方法。2019 年世贸组织专家开发出 TiSMoS 法，该法是对上述架构的扩大并使之可操作化，由此诞生了第一组基于四种交付模式的服务贸易估计值。

TiSMoS 的全文是 Trade in Services by Mode of Supply，意思是按交付方式划分的服务贸易。TiSMoS 法指世贸组织专家对各成员提供的服贸数据进行整理、加工所得到刻画全球各世贸组织成员分“交付模式 × 服务品类”数据集的估算方法。世贸组织专家对各成员所缺失的数据，根据不同情况分别采用归零法、镜像法、时序插值法和引力模型法进行测算，给予补齐。

从字数看，第二小节多于第一小节。尽管手册 2.0 延续并大为拓展了手册 1.0 的企业调查法案例，但是专家判断法是手册 1.0 不曾提及的，且置于第一小节，表明手册编纂者对专家判断法有优先推介之意。

（四）对数字贸易统计边界必要的澄清

手册 2.0 对数字贸易边界的模糊进行了必要的澄清。它明确了判断数字贸易就是两个标准，要么订购，要么交付，没有中间地带。对于近年来一些对于数字贸易的探索和手册 1.0 中悬而未决的模糊地带给予了明确的澄清，使得手册 2.0 成为一个具有可操作性的统计指导框架。

1. 回归贸易本源

服务贸易与货物贸易最大的不同是涵盖四种交付模式。特别是商业存在，未发生跨境交付，但也统计为贸易。手册 2.0 明确了跨境交付是服务贸易领域数字交付的核心形态，并明确提出“尽管数字化可能对商业存在产生了影响，但外国附属机构的统计数据并不直接属于数字贸易的衡量范围。”

2. 可以拆分订单

数字订购——每笔交易都应单独处理。当通过离线订购流程建立交易，但后续交易（或后续订单）是通过数字订购系统进行时，后续订单应视为数学贸易。这允许交易不一定与合同相一致。对于一个跨越多个统计周期且可能涉及多个交易的合同，每个交易都应该被归类为数字订购或非数字订购，以反映在当前期间内启动的订购模式。

数字交付——每笔交易都应单独处理。当交易通过离线流程交付，但后续交易以数字方式交付时，后续交易应视为以数字方式交付；以及一笔交易可以通过多种（数字和非数字）模式进行。

3. 不能拆分标的

持续订单可以拆分，哪一部分是数字服务，是不是可以纳入统计？对近年来探索的某些数字赋能或者数字嵌入算不算数字贸易？

手册 2.0 明确提出："虽然一些额外的服务类别可能包括数字交付的组件，如制造服务、维修和维护服务，或建设，但这些活动本质上是物理的。鉴于数字交付交易的价值通常可能比这些服务项目记录的总价值要小，因此它们不包括在表 8–1 所列的数字可交付服务列表中。"即所谓数字赋能的贸易不在统计之中。

表 8–2　EBOPS 中的可数字交付服务

	SDMX–BOP DSD①	EBOPS2010成分
跨境提供（模式一）的可数字交付服务		
保险和养老金服务	SF	6
金融服务	SG	7
他处未列的知识产权使用费	SH	9
电信、计算机和信息服务	SI	9
研发服务	SJ1	10.1
专业和管理咨询服务	SJ2	10.2
建筑、工程和科学等技术服务	SJ31	10.3.1
贸易相关服务	SJ34	10.3.4
他处未列的其他商业服务	SJ35	10.3.5
视听及相关服务	SK1	11.1

① SDMX 的全称是 Statistical Data and Metadata eXchange（统计数据和元数据互换）。DSD 的全称是 Data Structure Definitions（数据结构定义）。如果汉译，文字太多，不适合，故保留原表的英文缩写形式。

续表

	SDMX-BOP DSD	EBOPS2010成分
健康服务	SK21	11.2.1
教育服务	SK22	11.2.2
遗产和娱乐服务	SK23	11.2.3
境外消费的可数字交付服务（模式二）	在 SD 中记录（旅行）	在第 4 类中记录（旅行）

资料来源：译自《数字贸易测度手册（第二版）》4.1 表。

三、数据采集方法建议方式的继承与深化

（一）对数据采集方法建议方式的继承和深化

关于数字贸易测度的数据来源和数据获取方法，手册 1.0 只是给出了一些经济体的经验做法，供选择使用。这方面与国际组织关于货物贸易统计和服务贸易统计两手册提供规范性来源和方法不同。手册 1.0 列出的数据来源和数据获取方法主要是：针对企业的企业调查（ES）、国际服务贸易调查（ITSSS）、国际交易报告系统（ITRS）和增值税征管记录（ARVATC）；针对家庭的家庭调查（HS）、信用卡数据（CCD）和迷你式一站服务（MOSS）；针对政府交易的行政记录（AR）；还有直接从数字平台中介收集数据（DCRDIP）。这些方法被整合在一个模板中（见表 2–4）。具体到模板中的方法如何使用，手册 1.0 第 2 至 5 章使用若干个“框内文”（Box）介绍一些成员经济体的实践做法。

关于数据采集方法，手册 2.0 仍然推荐一些经济体的经验做法。但是与手册 1.0 相比，有两点不同，一是不再发布模板，二是加强了对具体经验的描述。表 8–3 列出了两个版本各章框内文数目的对比，从中可以看到新版的框内文数目大为增多。手册 2.0 的框内文有少数与手册 1.0 的框内文使用了同样

的标题，这当中分为 3 种情况：新写的文字只是标题相同，对原文进行了改写，保留原文字。

表 8–3　手册两版本框内文数目的对比

章次	手册1.0文数	手册2.0文数	其中同标题文数
2	2	3	—
3	11	20	3
4	11	16	2
5	3	9	3

资料来源：贾怀勤根据手册 1.0 和手册 2.0 相关内容统计。

在手册 2.0 的框内文中，以下案文文字很多，信息量尤为大，借鉴作用相应很强：

框内文 3.6 加拿大国家电子商务分贸易伙伴的测度；

框内文 3.7 英国国际电子商务购销的测度；

框内文 3.8 西班牙企业电子商务国际购买的测度；

框内文 3.9 美国跨国公司数字订购贸易的测度；

框内文 3.10　　欧盟对个人电子商务支出的测度；

框内文 3.11　　加拿大对个人电子商务支出的测度；

框内文 3.12　　加拿大对个人在线收入的测度；

框内文 4.5 可数字交付服务贸易的全球趋势；

框内文 4.6 全球数字交付服务出口的估计；

框内文 4.7 美国使用国际服务贸易调查测度数字交付交易；

框内文 4.8 英国使用国际服务贸易调查测度数字交付交易；

框内文 4.9 加拿大国使用国际服务贸易调查测度可数字交付交易；

框内文 4.12　　阿根廷的增值税数据；

框内文 5.1 在数字贸易报告模板中记录 DIP 交易。

手册 2.0 加强对具体经验的描述还体现在增写了第 6 章“案例研究”。该章包括 5 个大案例，分别是：

案例 1　中国数字订购货物贸易的测度；

案例 2　走向更好的数字交付贸易：中国经验与前景；

案例 3　牙买加的数字贸易：新测度方法的探索；

案例 4　西班牙数字贸易测度：盘存演练；

案例 5　土耳其数字订购货物贸易的测度。

（二）对三维架构中数字贸易交易描述的继承与拓展

手册 1.0 编有一个数字贸易交易范例表（Annex Table 2.A.1.）。该表共有七栏，自左而右分别是商品类别、是否数字订购、是否通过第三方中介平台（DIP）、是否数字交付、交易者、描述和交易范例。根据前五栏的组合状况，一共举出二十个范例。

手册 2.0 继承并扩延了这个做法，编写的“如何记录数字贸易交易”的表格（Annex Table B.1），较之手册 1.0 的那张表，又增加一组“对交易如何记录”三栏“甲国”“乙国”和“丙国”，使表的栏数由七栏增至十栏。

该表展示了两个需要注意的问题：

第一，作为产品买卖双方的甲国和乙国，任何一项业务的交易价值两国都需要填报，形成镜像数据。然而鉴于 DIP 存在于两国中哪国或第三国（丙国）和平台中介费用是由哪一方担负或者双方共同担负，对平台中介服务费用的记为哪国的进口、哪国的出口或无进出口发生，则需要仔细辨识。

第二，对于服务的数字贸易，对有的范例需要有三条记录：数字订购进 / 出口值，数字交付进 / 出口值和数字订购且数字交付进 / 出口值。

表 8–4 手册 2.0 的附文 B 之表 B.1“如何记录数字贸易交易”

序号	What	How			Who	描述	举例	在报告模板中记录哪国		
	交易标的	数字订购	平台赋能	数字交付	交易双方			甲国	乙国	丙国
1	货物	Y	N	N	B2B	甲企自乙企直购	使用 EDI 购买非居民企业零件	自乙国数字订购进口	向甲国数字订购出口	无须统计
2	服务	Y	N	N	B2B	甲企自乙企直购	使用 EDI 购买非居民企业运输	自乙国数字订购进口	向甲国数字订购出口	无须统计
3	货物	Y	N	N	B2C	甲民自乙企直购	在乙企网站上买衣服	自乙国数字订购进口	向甲国数字订购出口	无须统计
4	服务	Y	N	N	B2C	甲民自乙企直购	在乙企网站上购买住宿	自乙国数字订购进口	向甲国数字订购出口	无须统计
5	货物	Y	Y	N	B2B	通过乙 DIP，甲民自甲企购买	购买计算机，卖方国内，平台国外	自乙国进口数字中介服务	向甲国出口数字中介服务	无须统计
6	货物	Y	Y	N	B2B	通过甲 DIP（卖方付费），甲企自乙企购买	购买家具，卖方国外，平台国内	自乙国数字订购进口；向乙国出口数字中介服务	向甲国数字订购出口；自甲国进口数字中介服务	无须统计
7	货物	Y	Y	N	B2B	通过乙 DIP（卖方付费），甲企自乙企购买	购买文具，卖方和平台都是乙国	自乙国数字订购进口	向甲国数字订购出口	无须统计

序号	What	How			Who	描述	举例	在报告模板中记录哪国		
	交易标的	数字订购	平台赋能	数字交付	交易双方			甲国	乙国	丙国
8	货物	Y	Y	N	B2B	通过丙 DIP（买方付费），甲企自乙企购买	购买新椅子，卖方乙国，平台丙国	自乙国数字订购进口；自丙国进口数字中介服务	数字订购出口甲国	向甲国出口数字中介服务
9	货物	Y	Y	N	B2B	通过丙 DIP（买卖双方付费），甲企自乙企购买	购买办公家具，卖方乙国，平台丙国	自乙国数字订购进口；自丙国进口数字中介服务	数字订购出口甲国；自丙国进口数字中介服务	向甲乙两国出口数字中介服务
10	服务	Y	Y	N	B2B	通过乙 DIP，甲企自甲企购买	购买运输服务	自乙国进口平台服务	向甲国出口平台服务	无须统计
11	服务	Y	Y	N	B2B	通过甲 DIP（买方付费），甲企自乙企购买	购买制造服务	自乙国数字订购进口	向甲国数字订购出口	无须统计
12	服务	Y	Y	N	B2B	通过乙 DIP（卖方付费），甲企自乙企购买	购买海运服务	自乙国数字订购进口	向甲国数字订购出口	无须统计
13	服务	Y	Y	N	B2B	通过丙 DIP（双方付费），甲企自乙企购买	购买维护和维修服务	自乙国进口数字订购服务；自丙国进口数字中介服务	向甲国出口数字订购服务；自丙国进口数字中介服务	向甲乙两国出口数字中介服务
14	货物	Y	Y	N	B2C	通过乙 DIP，甲民购买甲企货物	购买手机	自乙国进口数字中介服务	向甲国出口数字中介服务	无须统计

序号	What	How			Who	描述	举例	在报告模板中记录哪国		
	交易标的	数字订购	平台赋能	数字交付	交易双方			甲国	乙国	丙国
15	货物	Y	Y	N	B2C	通过甲 DIP（卖方付费），甲民购买乙企货物	通过亚马逊购买自行车	自乙国数字订购进口；向乙国出口数字中介服务	向甲国数字订购出口；自甲国进口数字中介服务	无须统计
16	货物	Y	Y	N	B2C	通过乙 DIP（卖方付费），甲民自乙企购买	通过平台买鞋	自乙国数字订购进口	向甲国数字订购出口	无须统计
17	货物	Y	Y	N	C2C	通过丙 DIP（卖方付费），甲民自乙民购买	购买二手货	自乙国数字订购进口：自丙国进口数字中介服务	向甲国数字订购出口；自丙国进口数字中介服务	向乙国出口数字中介服务
18	服务	Y	Y	N	B2C	通过乙 DIP，甲民自甲企购买	在非居民 App 上订购 Uber 运输	自乙国进口数字中介服务	向甲国出口数字中介服务	无须统计
19	服务	Y	Y	N	B2C	通过甲 DIP（双方付费），甲民自乙企购买	购买计算机修理服务	自乙国数字订购进口；向乙国出口数字中介服务	向甲国数字订购出口；自甲国进口数字中介服务	无须统计
20	服务	Y	Y	N	B2C	通过乙 DIP（买方付费），甲民自乙企购买	购买装运服务	自乙国数字订购进口；进口乙国数字中介服务	向甲国数字订购出口；向甲国出口数字中介服务	无须统计

序号	What	How			Who	描述	举例	在报告模板中记录哪国		
	交易标的	数字订购	平台赋能	数字交付	交易双方			甲国	乙国	丙国
21	服务	Y	Y	N	C2C	通过丙平台（双方付费），甲民购买乙民服务	购买食宿服务，平台Airbnb在第三国	自乙国数字订购进口；自丙国进口数字中介服务	向甲国数字订购出口；自丙国进口数字中介服务	向甲乙两国出口数字中介服务
22	服务	Y	N	Y	B2B	甲企在线直购乙企服务，数字交付	在对方网站上购买标准计算机服务	自乙国订购进口数字；自乙国数字交付进口；自乙国数字订购且数字交付进口	向甲国数字订购出口；向甲国国数字交付出口；向甲国数字订购且数字交付出口	无须统计
23	服务	Y	N	Y	B2C	甲民在线直购乙企服务，数字交付	在对方网站上买保险单	自乙国数字订购进口；自乙国数字交付进口；自乙国数字订购且数字交付进口	向甲国数字订购出口；向甲国国数字交付出口；向甲国数字订购且数字交付出口	无须统计
24	服务	Y	Y	Y	B2B	通过乙DIP，甲企购买另一甲企服务	购买logo设计	自乙国进口数字中介服务	向甲国出口数字中介服务	无须统计

序号	What	How			Who	描述	举例	在报告模板中记录哪国		
	交易标的	数字订购	平台赋能	数字交付	交易双方			甲国	乙国	丙国
25	服务	Y	Y	Y	B2B	通过甲 DIP（双方付费），甲企购买乙企服务，数字交付	购买专门化会计软件	自乙国数字订购进口；自乙国数字交付进口；自乙国数字订购且数字交付进口。向乙国出口数字中介服务	向甲国数字订购出口服务；向甲国数字交付出口服务；向甲国数字订购且数字交付出口服务。自甲国进口数字中介服务	无须统计
26	服务	Y	Y	Y	B2B	通过乙 DIP（双方付费），甲企购买乙企服务，数字交付	购买咨询服务	自乙国数字订购进口；自乙国数字交付进口；自乙国数字订购且数字交付进口。自乙国进口数字中介服务	向甲国数字订购出口；向甲国数字交付出口；向甲国数字订购且数字交付出口。向甲国出口数字中介服务	无须统计
27	服务	Y	Y	Y	B2B	通过丙 DIP（双方付费），甲企购买乙企服务，数字交付	购买市场调查服务	自乙国数字订购进口服务；自乙国数字交付进口服务；自乙国数字订购且数字交付进口服务。自丙国进口数字中介服务	向甲国数字订购出口服务；向甲国数字交付出口服务；向甲国数字订购且数字交付出口服务。自丙国进口数字中介服务	向甲国出口数字中介服务；向乙国出口数字中介服务

序号	What 交易标的	How			Who 交易双方	描述	举例	在报告模板中记录哪国		
		数字订购	平台赋能	数字交付				甲国	乙国	丙国
28	服务	Y	Y	Y	B2C	通过乙 DIP，甲民购买甲企服务，数字交付	购买远程医疗服务	自乙国数字订购进口；自乙国数字交付进口；自乙国数字订购且数字交付进口。自乙国进口数字中介服务	向甲国数字订购出口；向甲国数字交付出口；向甲国数字订购且数字交付出口。向甲国出口数字中介服务	无须统计
29	服务	Y	Y	Y	B2C	通过甲 DIP（双方付费），甲民购买乙企服务，数字交付	购买在线教育服务	自乙国进口数字订购；自乙国进口数字交付；自乙国进口数字订购且数字交付。向乙国出数字中介服务	向甲国出口数字订购；向甲国出口数字交付；向甲国出口数字订购且数字交付。自甲国进口数字中介服务	无须统计
30	服务	Y	Y	Y	B2C	通过乙 DIP（买方付费），甲民购买乙甲企服务，数字交付	购买 App	自乙国进口数字订购；自乙国进口数字交付；自乙国进口数字订购且数字交付。自乙国进口数字中介服务	向甲国出口数字订购；向甲国出口数字交付；向甲国出口数字订购且数字交付。向甲国出口数字中介服务	无须统计

序号	What 交易标的	How			Who 交易双方	描述	举例	在报告模板中记录哪国		
		数字订购	平台赋能	数字交付				甲国	乙国	丙国
31	服务	Y	Y	Y	B2C	通过丙DIP（双方付费），甲民购买乙企服务，数字交付	购买健康服务，平台在第三国	自乙国进口数字订购；自乙国进口数字交付；自乙国进口数字订购且数字交付。自丙国进口平台服务	向甲国出口数字订购；向甲国出口数字交付；向甲国出口数字订购且数字交付。自丙国进口平台服务	向甲国出口平台服务；向乙国出口平台服务
32	服务	Y	Y	Y	C2C	通过丙DIP（双方付费），甲民购买乙民服务，数字交付	通过设在第三国的Ravelry购买针织教程	自乙国进口数字订购；自乙国进口数字交付；自乙国进口数字订购且数字交付。自丙国进口数字中介服务	向甲国出口数字订购；向甲国出口数字交付；向甲国出口数字订购且数字交付。自丙国进口数字中介服务	向甲国出口平台服务；向乙国出口数字中介服务
33	服务	Y	Y	Y	C2C	通过乙DIP，甲民购买另一甲民服务，数字交付	购买可下载软件（例如电话软件）	自乙国进口数字中介服务	向甲国出口数字中介服务	无须统计
34	服务	N	N	Y	B2B	甲企线下直购乙企服务，数字交付	购买定制咨询服务	自乙国进口数字交付	向甲国出口数字交付	无须统计
35	服务	N	N	Y	B2C	甲民线下直购乙企服务	外国学生打电话购买在线教育服务	自乙国进口数字交付	向甲国出口数字交付	无须统计

由于以上复杂的组合状况，下面对这三十五个范例的栏目问题单一分组和交叉分组做一个分类汇总研究。

此表遵循先交易种类（货物 / 服务），再交易方式，再交易者和进出口值的顺序展开。

按单维统计

1. 交易种类：货物 13 例，服务 22 例。

2. 交易方式：

数字订购 33 例，非数字订购 2 例。

使用 DIP27 例，不使用 8 例（详见第 4 款）。

其中使用第三国 DIP8 例，使用交易国 DIP 的 19 例。

数字交付 14 例，非数字交付 21 例。

3. 数字订购—不使用 DIP—非数字交付（YNN）4 例，数字订购—使用 DIP—非数字交付（YYN）17 例，数字订购—不使用 DIP—数字交付（YNY）2 例，数字订购—使用 DIP—数字交付（YYY）10 例，非数字订购—不使用 DIP—数字交付（NNY）2 例。这个交叉统计与上面第 2 款呼应。

4. 交易者：B2B17 例，B2C14 例，C2C4 例。

5. DIP 服务的进出口：

不发生 DIP 服务：8 例。

发生 DIP 服务：

卖方付费 6 例。

买方付费 4 例。

双方付费 10 例。

共计　　27 例。

最后要说明的是，中国政府参与手册编纂的机关由一个增加到两个。

手册 1.0 的编纂，中国海关总署的 3 位官员参与其中。到手册 2.0 编纂时，不但有 4 位中国海关官员，还有来自商务部的 3 位官员参与其中。4 年前，仅在手册“前言”中提及中方官员的名字，而新一版中，不仅在前言中提及中方官员的名字，而且在第 6 章“案例研究”所发布的 5 个案例中中国案例就占了 2 个。

（本章撰稿人：贾怀勤、齐允中）

第九章　数字贸易统计测度前瞻构想

数字贸易测度手册第一版经修订，发展到第二版，数字贸易测度的架构、概念定义和数据采集方法的总体原则得到承继，但是也有局部实质性和形式上的变化。本章结合手册的“变与不变”，对近些年数字贸易试测度的理念和做法进行回顾，对今后中国数字贸易统计测度的研究和实践提出方向性建议。

一、从手册修订审视中国数字贸易统计测度既往理念和实践

（一）中国特有的贸易统计二分体制

在探讨中国的数字贸易统计测度时，必须认识到其特有的贸易统计二分体制，即货物贸易统计由海关总署全权负责，服务贸易统计由国家商务主管部门负责。而在其他国家，无论是集中型还是分散型统计体制，货物贸易和服务贸易都是统一由一个机构负责，其海关仅负责提供货物进出口的原始信息。统计体制差别使得中国在落实手册的数字贸易测度架构精神上必须有所变通。架构中交易方式和交易类别的交叉，以前者为执行子框，即按数字订购和数字交付分别进行测度，它们或指向两类交易类别，或者只指向服务。再看中国的实践状况，如图 9–1 所示，交易方式与交易类别的交叉以后者为执行子框，这由中国贸易统计二分体制所决定，负责货物贸易统计的海关总署指向货物—跨境电商，负责服务贸易统计的商务部指向数字订购服务和数字交付服务。

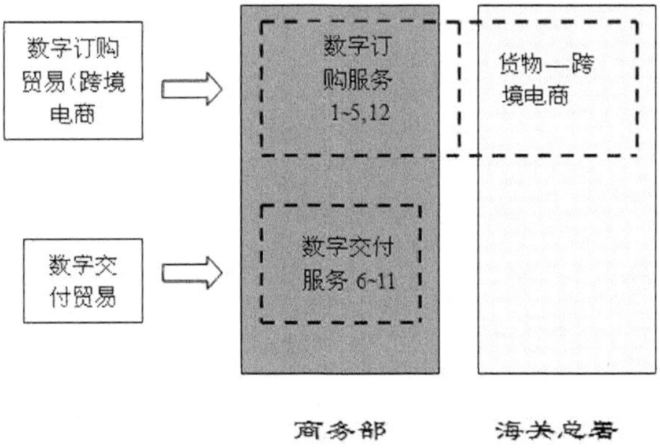

图 9–1　数字贸易统计测度分指标与中国责任机关

资料来源：贾怀勤根据手册 2.0 数字贸易测度架构和中国政府贸易统计分工绘制。

这个特殊的贸易统计体制，使得中国在设计和实施数字贸易统计测度时必然有与其他国家相差异的理念和做法。手册 2.0 第六章提供的分别由中国海关总署和商务部撰写的案例，一个是关于货物跨境电商的，一个是关于数字交付服务的，就体现了上述差别。这是我们研究和设计这个数字贸易统计体系时必须考虑的情况，在中国，由于海关总署已经有了较为完善的货物跨境电商统计制度，我们无论通过何种途径调查数字订购贸易时，都得专门针对服务，否则会造成重复调查和数据混乱，影响海关总署的统计权威性。

（二）审视关于数字贸易统计测度的主要论点

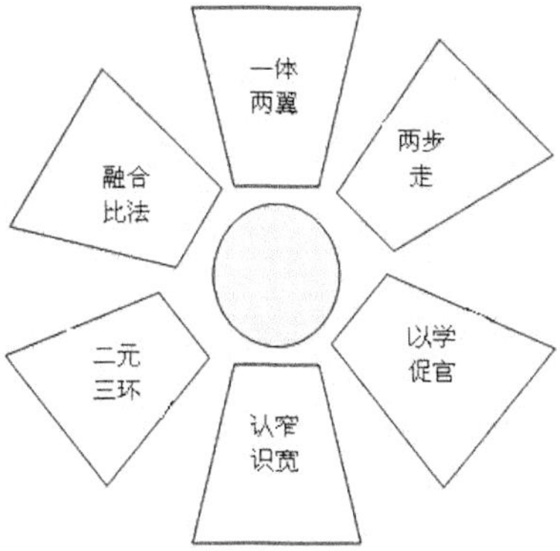

图 9–2　贾怀勤数字贸易测度主要论点图

资料来源：根据相关内容绘制。

贾怀勤关于数字贸易测度具有指导性的论点如图 9–2 所示。这里结合两版手册的主要精神对之重新审视。

1. “一体两翼”

贾怀勤将数字贸易业务与数字贸易规则设计和谈判、数字贸易统计测度比喻为“一体两翼”，数字贸易业务是主体，规则和测度是支撑主体推进的两翼，以此为数字贸易统计测度在整个数字贸易中的定位。这个观点不仅不会改变，而且在新一版手册中还得到了加强。手册 2.0 对数字贸易测度与业务关系专门写有一节进行论述，就是第一章第四节“数字贸易测度是有效制定政策的关键”。

2. 近期任务和中远期展望两步走

对于中国的数字贸易统计测度工作和相关研究，当初提出的近期集中做好“试测度”，中远期致力于“统计制度化”，这样的“两步走”设想基本不会变。国家统计局“数字经济分类”出台后曾设想以此为后一步的启动点。至于“试测度”是否需要继续，可以探讨。手册修订对中国有促进作用，但不会改变中国的思路。

3. “以学促官”

数字贸易试测度的实践者主要是社会智库，同时也有地方商务主管机关。“以学促官”指的是，通过智库的试测度过程和结果促进国家商务主管机关的数字贸易主管部门对数字贸易统计测度的迫切性和统计测度方法的科学性的认识。从已经走过的路子看，这个想法是正确的，但是在新阶段需要加强“官学结合”。

4. “认窄识宽”理念

“认窄识宽”理念直接源于国际社会的数字贸易概念的不同认识，也与前述中国贸易统计二分体制直接相关。

所谓“认窄识宽”，指在数字贸易的界定上，首先认同只涵盖服务贸易的窄概念，因为它集中体现数字技术及其在贸易上应用的先进性；同时也需要对将货物贸易纳入其观察范畴的宽概念有所认识。这个提法有其特定的场合和特定的时期——在2020年商务主管部门的会议上贾怀勤以专家名义提出此论。

发展到现在，由于联合国贸发会议加入了手册2.0编纂组织工作中，商务主管部门对这项工作有了进一步的认识，建议用“聚窄列宽”取代“认窄识宽”，把统计研究资源聚焦在数字服务贸易的统计测度上，在发布数字贸易统计数据时，将货物—跨境电商的贸易值与数字服务贸易值一并列出。

5.“二元三环”架构

“二元三环”的数字贸易测度架构，与手册的数字贸易测度架构既有联系，更有区别。对于经合组织2017年三维架构，贾怀勤当时就认为货物、服务、信息三分法和测度DIP服务是个过于理想化的设计，不但发展中经济体远不能做到它要求的测度，即便是多数发达经济体也只是使用所列的某种方法采集到部分栏目所需数据而非全部栏目要求的数据。中国的现实与全面实施度手册要求存在差距，需要集中资源做好最关键数字服务贸易的测度和货物电子商务的测度。

“二元”指的是数字服务贸易和数字货物贸易两个各自独立的体系，这源于贸易统计二分体制。数字服务贸易又分为核心数字服务贸易和数字赋能服务贸易，再加上数字货物贸易，形成由内而外的三个环（见本书图4–4）。在按宽概念考察数字贸易时，数字服务贸易和数字货物贸易是相对独立的两个单元，对其贸易规模经过不同的途径进行测度，测度结果分别列出，只在最终需要刻画数字贸易总规模时才对两者加总。

这个架构对中国中远期的数字贸易统计测度研究和实务——无论是继续开展基于融合比法的试测度，还是建立并实施系统的数字贸易测度统计调查测度，仍都具有指导意义。

6.“融合比法”

融合比法，指通过样本计算数字技术与服务相融合的比率，来测算通过数字技术实际促成的贸易额。具体使用时，分别针对数字交付服务和数字订购服务两种业务，每种业务再分服务类别，分别计算各服务类别企业样本的数字技术与服务相融合的比率。根据两种业务不同，比率有其具体名称（诸如实际数字交付比、数字订购比、数字技术渗透率等）。

融合比法是中国数字贸易统计测度探索中采用的方法。展望后探索阶段，融合比法可能并非必要。但是，继续按融合比法获取有关数据，或许有助于两种数据来源的相互支撑和相互借鉴。

本章以下部分，分别阐述中国海关跨境电商统计监测的制度化、贾怀勤对服务领域数字贸易官方测度方案的思考与建议，并且对第三方中介平台服务测度路径和数字贸易综合核算的中长期设想进行讨论。

二、跨境电商统计监测的制度化

在经历了由跨境电商平台统计到跨境电商全业态统计的探索之后，中国海关的跨境电商统计即将进入制度化建设阶段。海关总署和国家统计局将联合颁布《跨境电子商务统计调查制度》（以下简称制度）。本节对这个制度的主要内容做归纳性阐述。

（一）构成跨境电商商品的三要件和基于进出口渠道的全业态调查

1. 构成跨境电商商品的三要件

制度规定纳入跨境电商进出口统计的商品应当同时符合三个条件：跨境交易、在线订单和跨境物流。

跨境交易指交易发生在中华人民共和国关境内与境外的企业或个人之间。跨境物流指交易商品发生跨境运输。这两个条件与联合国货物贸易统计规范是一致的，非如此不属于海关统计的货物贸易。

关键条件是在线订单，要求订单为通过跨境电子商务交易平台（包括自建/自营平台如独立站、第三方平台、综合性平台等）达成并完成交易。跨境电子商务交易平台应当支持开放注册用户，可浏览展示商品，并下单购买。通过电话、传真或邮件方式订购的货物不属于在线订单范围。这个规定与《数字贸易测度手册》的数字订购贸易所要求的交易达成数字技术手段内涵一致，只不过它仅指货物的跨境电商。

2. 基于进出口渠道的全业态调查

跨境电商的全业态调查既针对经海关跨境电子商务管理平台进出口，也包括未经海关跨境电子商务管理平台进出口。后者又分为经普通货物渠道进出口和经邮快件渠道进出口。

制度通过“进出口渠道构成表”进行全业态的跨境电商进出口货值调查。要求进口和出口分别填报总值和经由以下进出口渠道的货值：

经海关跨境电子商务管理平台进出口，指按照监管方式跨境直购（代码9610）、网购保税（代码1210）、网购保税A（代码1239）、跨境电子商务企业对企业直接出口（代码9710）及跨境电子商务出口海外仓（代码9810）向海关申报的跨境电子商务进出口。

未经海关跨境电子商务管理平台进出口，指未按照上述监管方式向海关申报、但按照制度应当列入跨境电子商务统计的进出口。

经普通货物渠道进出口，指未经海关跨境电子商务管理平台进出口的跨境电子商务商品中，按照监管方式一般贸易（代码0110）等通过H2018通关管理系统向海关申报的跨境电子商务进出口。

经邮快件渠道进出口，指未经海关跨境电子商务管理平台进出口的跨境电子商务商品中，按照邮件、快件或低值快速货物向海关申报的跨境电子商务进出口。

经海关跨境电子商务管理平台进出口值与未经海关跨境电子商务管理平台进出口值之和应等于进出口总值。

经普通货物渠道进出口值与经邮快件渠道进出口值之和应等于未经海关跨境电子商务管理平台进出口值。

（二）跨境电商的地理分布指标调查

跨境电商的地理分布指标分为境外的贸易伙伴国和境内的各省（自治区、直辖市），制度分别设计了“进出口国别（地区）构成表”和“境内货源地/目的地构成表”两份调查表。

1. 进出口国别（地区）构成调查

进出口国别（地区）构成表要求逐一填报所涉国别（地区）名称和金额占比。出口填报目的国（地区），进口填报来自国（地区）。出口目的国（地区）指跨境电子商务出口商品的消费、使用或者进一步加工制造的国家（地区）。进口来自国（地区）指跨境电子商务进口商品的启运国（地区）。

金额占比（%）填报 1 ～ 100 间的整数，从大到小填报。出口目的国（地区）/进口来自国（地区）各项金额占比之和应等于 100%。

2. 境内货源地/目的地构成

境内货源地/目的地构成表要求逐一填报所涉境内省级行政区名称和金额占比。出口填报境内货源地，进口填报境内目的地。出口商品的境内货源地指跨境电子商务出口货物在中国境内的产地或者原始发货地，按省（自治区、直辖市）填报。进口商品的境内目的地指跨境电子商务进口货物在中国境内的消费、使用地或者最终运抵地，按省（自治区、直辖市）填报。

金额占比（%）填报 1 ～ 100 间的整数，从大到小填报。各项金额占比之和应等于 100%。

（三）进出口商品构成调查

1. 出口

出口分为消费品和生产资料两类，分别填报其出口值。两类商品各分若干细项，分别填报其出口金额占比。

消费品包括以下细项：

服饰鞋包及珠宝配饰

手机、电脑等各类数码产品及配件

家用、办公电器及配件

家居家纺及厨房用具

医药、保健品及医疗器具

玩具及母婴用品（不包括奶粉）

运动及户外用品

园艺及各种家装工具

汽车及周边用品

其他

生产资料包括以下细项：

初级产品

工业中间产品

资本品

2. 进口

进口分为消费品和生产资料两类，分别填报其进口值。两类商品各分若干细项，分别填报其出口金额占比。

消费品包括以下细项：

食品生鲜

奶粉

美容化妆、香水及日化洗护

医药、保健品及医疗器具

手机、电脑等各类数码产品及配件

家用、办公电器及配件

服饰鞋包及珠宝配饰

玩具、母婴用品（不包括奶粉）

其他

生产资料包括以下细项：

初级产品

工业中间产品

资本品

消费品和生产资料进出口值按整数填报，不涉及的商品品类按 0 填报。

消费品和生产资料细项商品填报金额占比，填报 0 ～ 100 间的整数，不涉及的商品品类按 0 填报。消费品或生产资料项下金额占比之和应等于 100%。

（四）统计调查采用重点调查法

1. 重点调查企业

统计调查对象使用海关基本单位名录库；海关基本单位名录库不适用的，采用国家统计局基本单位名录库或其他名录库。制度报表的报送单位为重点调查企业。在基本单位名录库中按下列步骤确定重点调查企业：

首先，确定调查对象。他们是主要境内电商平台企业、电商服务企业和电商卖家企业。跨境电子商务统计调查对象通过样本清查获得，由各直属海关统计部门与地方跨境电子商务监管部门、跨境电子商务综合试验区管委会或商务主管部门充分沟通。

然后从调查对象中确定重点调查企业。他们是统计周期内线上交易额达到 2 500 万元（半年调查）或 5 000 万元（全年调查）的各类跨境电子商务企业。以 2022 年上半年试点调查为例，其调查对象为 2021 年跨境电子商务交易额达到 5 000 万元或 2022 年上半年交易额达到 2 500 万元的本关区内备案的各类跨境电子商务企业。

制度设计有“基本信息表”，由此掌握重点调查企业的基本信息。基本信息表有三个（组）问题：

（1）企业涉及的跨境电子商务进出口情况

□仅出口　　□仅进口　　□进出口

（2）企业涉及的业务类型

○自建/自营平台　○第三方/综合性平台　○电商卖家平台

○其他电商服务企业

自建/自营平台指在线销售商品的所有权全部属于平台自身，不论是自行生产、制造，还是采购后转卖。

第三方/综合性平台指平台提供线上销售服务，由其他卖家进驻平台在线销售商品，包括兼营第三方货物和自有货物的综合性平台。

电商卖家指企业以卖家身份在第三方或综合性平台上销售商品，不含自建/自营平台部分。

其他电商服务企业指自身不销售商品，而是为电商平台、电商卖家等提供线上销售服务或提供物流、通关等配套服务。

（3）企业涉及的跨境电子商务交易平台信息

A. 平台企业需要填报所有的名称和网址。

B. 电商卖家需要填报所有的名称、网址和金额占比。

C. 其他电商服务企业需要填报。

a. 服务类型

□物流承运　□仅报关　□支付　□其他（请注明）

b. 服务对象

平台名称、网址和金额占比（%）。

卖家名称、统一社会信用代码（境外企业除外）和金额占比（%）。

2. 报送要求和质量控制

统计调查表的期别（频度）为半年报/年报；报送日期和方式都是半年报于9月底前报送，年报于次年3月底前报送。

重点调查企业在填报调查问卷时，系统自动实施完整性检查和逻辑检查。直属海关统计部门应当于调查截止日前负责组织检查调查问卷的及时性和完整性，对调查数据质量进行全面审核，确保问卷数据的真实性和准确性。对于填报不及时或问卷数据存在逻辑错误的，直属海关统计部门应当及时联系重点调查企业了解原因，指导企业提高问卷填报准确率。

（五）附加信息调查

制度设计有“未来预期与意见建议表”，以便采集基本统计指标之外的附件信息。

1. 未来预期指企业对未来一个时期跨境电商业务发展变化的预期。需要回答如下问题：

与本统计周期相比，下一个统计周期内跨境电子商务进出口规模的变动情况

□下降　　□基本稳定　　□增长

变动幅度预计为（如上一题选择“基本稳定”，则跳过本题）

□下降 20% 及以上　　□下降 20% ～ 5%　　□下降 5% 及以内

□增长 5% 及以内　　□增长 5% ～ 20%　　□增长 20% 及以上

2. 企业对海关跨境电子商务监管和统计的意见与建议（这是开放性问题）。

三、关于服务数字贸易官方统计测度方案的构想和建议

本节提出可供采用的数字交付服务和数字订购服务的测度路径和方法，重点是数字交付服务。

（一）确定可数字交付服务范畴是数字交付贸易测度的前提

前文指出，手册定义的数字交付贸易，即是由可数字交付服务导出的数字实际交付服务，有“数字实际交付服务≤可数字交付服务”成立。确定可数字交付服务，可以从 BPM6 的 BOP 服务分类表出发，也可以从 EBOPS 的服务分类详表出发，两者各有其适用之处。下面把这两个分类对应列在一张表格内，见表 9–1。

表 9-1 BOP 分类和 EBOPS 分类中的可数字交付服务

BOP12品类中的可数字交付服务	EBOPS分类中的可数字交付服务	
	详细分类	是否可数字交付
6. 保险和养老金服务	SF 保险和养老金服务	是
7. 金融服务	SG 金融服务	是
8. 别处未包括的知识产权使用费	SH 他处未列的知识产权使用费	是
9. 电信、计算机和信息服务	SI 通信、计算机和信息服务	是
10. 其他商业服务	SJ 其他商业服务	——
	SJ1 研发服务	是
	SJ2 专业和管理咨询服务	是
	SJ3 技术、贸易相关和其他商业服务	
	SJ31 建筑、工程、科学和其他技术服务	是
	SJ32 废弃物处理和污染、农业和矿业服务	否
11. 个人、文化和娱乐服务	SI 个人、文化和娱乐服务	——
	SI1 音像及相关服务	是
	SI2 其他个人、文化和娱乐服务	——
	SI21 健康服务	否
	SI22 教育服务	否
	SI23 遗产和娱乐服务	是
	SI24 其他个人服务	否

资料来源：贾怀勤根据 BPM6 和 EBOPS 有关内容制作。

（二）数字交付服务测度的两种方法

在不具备数字贸易的全面统计调查数据或不拟另外建立数字贸易统计调查制度的前提下，可以将《服务贸易总协定》的四种提供模式中的模式一认定为数字交付服务。具体到如何来估算跨境交付服务的贸易额，手册 2.0 第八章提出了专家判断法和企业调查法两种方法。关于这两种方法的选择，本书编著者团队做了较为深入的探讨，认为两者各有利弊。

1. 直接采用世贸组织“TiSMoS 法数据集”中的“交付模式 1”数据

世贸组织所说的专家判断法，最终落实在运用 TiSMoS 法编制分交付方式服务类别的数据集上，再以交付方式 1（远程交付）作为数字交付服务的替代变量。中国可以直接采用 TiSMoS 法所编制的数据集中数据，好处很明显：它无需耗费中国额外资源，就可以得到包括中国在内的世界 200 多个经济体 8 个分行业的数字交付服务规模数据，且其涵盖跨度为 2005–2023 年。而中国即便投入更多资源开展数字贸易测度，也只能得到本国近几年的数字贸易规模数据，不能与其他经济体进行直接对比。因此，本书编著者团队中的部分专家倾向于采用世贸组织引自 TiSMoS 法数据集的数字交付服务数据。

2. 在试测度基础上继续采用企业调查法采集数据

本书编著者团队另外一种意见是，在试测度基础上，继续采用企业调查法采集数字贸易数据，主要理由如下：

一方面，基于 TiSMoS 法数据集的数字交付服务数据自身的局限性。

TiSMoS 中许多数据并非世贸组织成员报告的数据，而是专家估算数据。世贸组织当初曾设想，对数字交付服务的估算应考虑到与之相关的诸多变量，如不同产业的数字化程度及其在数字可交付产品贸易中的作用、人们的数字技术和技能普及程度、贸易对象国（地区）的有关状况等，但是后来并没有从变量间相互关联入手开展估算，而是采用了时间序列的补白等单纯数量方法。

这种估算对于缺乏各世贸组织成员完整报告数据是必要的，但对于具有其独特性质的中国这个服务贸易大国和数字贸易大国，并不一定合适。

中国目前尚未编制分 4 种供应模式的服贸数据，有的是跨境供应和商业存在两种模式数据。世贸组织 TiSMoS 数据和中国商业存在的分类，都与服贸的 BOP 或 EBOPS 的分类不一致，存在协调问题。世贸组织 TiSMoS 数据和中国跨境供应和商业存在两种模式数据，也都存在时鲜性不足问题。

另一方面，须明了开展企业调查的必要性和可行性。

就必要性而言，专家判断法只能取得数字交付服务的估计数据，而商务主管机关对其重点联系企业开展调查，可以将数字交付服务和数字订购服务的调查一并开展，不仅采集到数字交付服务的数据，还能采集到数字订购服务的数据。将后者与其他来源的数字订购货物数据合并，可得到全面的数字订购贸易数据。

几家社会智库的数字贸易试测度和商务主管机构有关单位的重点联系企业调查，已经取得了一定的经验和教训，这为主管机构有关单位设计数字交付服务统计调查方案奠定了基础。

（三）对中国数字贸易统计测度采用企业调查法的建议

可以采用世贸组织所编制的 TiSMoS 数据集中关于中国特定服务品类的模式一进 / 出口数据，作为中国在该服务品类的数字交付服务数据。但由于 TiSMoS 中许多数据并非世贸组织成员报告数据，而是专家测算数据，这个数据未必能够准确地反映中国的实际情况。

中国目前尚未编制分四种供应模式的服贸数据，有的是跨境供应和商业存在两种模式数据。由此数据计算跨境交付比，与 TiSMoS 数据集的结构不一致。

1. 采用企业调查法的理由

与专家判断法的实际情况相比，企业调查法在当前情况下是一个不错的选择。理由是：第一，几家社会智库的数字贸易试测度和商务主管机构有关单位的重点联系企业调查，已经获得了一定的经验和教训，这为主管机构有关单位设计数字交付服务统计调查方案奠定了基础。第二，专家判断法只能取得数字交付服务的估计数据，而企业调查可以将数字交付服务和数字订购服务的调查一并开展。第三，世贸组织 TiSMoS 数据和中国商业存在的分类，都与服贸的 BOP 或 EBOPS 的分类不一致，存在类别协调问题。第四，世贸组织 TiSMoS 数据和中国跨境供应和商业存在两种模式数据，都存在时效性不足问题。

以往试调查发现，被调查者面对“数字实际交付”服务占比这样的概念，很难回答，因为他们搞不清楚“数字”“实际”“交付”具体是什么涵义。特别是问卷中的“专门设计的计算机网络电子格式远程交付”概念，被调查人很难理解，往往不回答或误答，致使问卷回收和调查效果大打折扣。基于手册 2.0 的相关精神，在问卷中以“跨境交付服务占比”代替“数字实际交付占比”，将有助于减轻被调查者的困惑，从而提高问卷回答率和可靠率。

2. 企业调查问卷中相关问题的设计

建议商务主管机构有关单位在其重点联系企业问卷中增加关于数字贸易方面的问题来采集两个数据：

跨境交付比——作为数字实交比的代理变量——某服务品类的跨境交付服务（模式一）进 / 出口额在该服务品类进 / 出口额的占比；

数字订购比——某服务品类采用在线订购方式实现的进 / 出口额在该服务品类进 / 出口额的占比。

鉴于目前商务主管机构不掌握细分品类的服务贸易数据，企业调查法只能针对 BOP 十二个服务品类开展。建议在现有的服务贸易重点联系企业问卷中对从事第 1 ～ 5 类服务贸易的企业和从事第 6 ～ 11 类服务贸易的企业加入不同的问题，对前者提问在线订购问题，对后者提问远程交付问题。

关于问卷中远程交付问题可以按如下文字提出：

第 N 题：贵企业主营服务产品属于哪一类？（单选）

○保险和养老金服务　　○金融服务

○电信、计算机、信息服务　　○知识产权使用费

○个人、文化和娱乐服务　　○其他商业服务

第 N+1 题：在贵企业对国外客户提供的该主营服务中，跨境远程交付所占比率是多少？（单选）

○ 100%　○ 90% ～ 99%　○ 80% ～ 89%　○ 70% ～ 79%

○ 50% ～ 69%　○ 30% ～ 49%　○ 30% 以下

第 N+2 题：在贵企业自国外企业购买的该主营服务中，跨境远程交付所占比率是多少？（单选）

○ 100%　○ 90% ～ 99%　○ 80% ～ 89%　○ 70% ～ 79%

○ 50% ～ 69% ○ 30% ～ 49%　　○ 30% 以下

关于问卷中在线订购问题可以按如下文字提出：

第 N 题：贵企业主营服务产品属于哪一类？（单选）

○加工服务　　○维护和维修服务　○运输服务

○旅行服务　　○建筑服务

第 N+1 题：在贵企业的该主营服务中，在线订购所实现的出口额所占比率是多少？（单选）

○ 80% 以上　○ 60% ～ 79%　　○ 40% ～ 59%

○ 20% ～ 39% ○ 20% 以下

第 N+2 题：在贵企业的该主营服务中，在线订购所实现的进口额所占比率是多少？（单选）

○ 80% 以上　○ 60% ～ 79%　　○ 40% ～ 59%

○ 20% ～ 39% ○ 20% 以下

四、跨境电商交易服务平台服务贸易值的测度

《数字贸易测度手册》的指标体系是“两贸一平台”，“两贸”指数字订购贸易和数字交付贸易，平台指数字中介平台。平台提供的服务有收费和不收费区别。手册将收费数字中介平台定义为“促成买卖双方交易的付费线上中介，平台不需要拥有交易货物或服务的所有权”；将免费数字中介平台定义为“收入来自向终端用户销售商品和服务的企业广告和 / 或数据支出，而不向获取数字服务的终端用户收取明确费用的平台”。手册提出要测度平台所提供的收费服务价值。

跨境电商交易值包括如下三种成分：第一，跨境电商卖家的货物成本、利润等构成了货物进出口（这部分可认为是数字订购贸易）。第二，跨境电商的国际干线物流，根据运输服务的提供方和最终支付方，与传统贸易一致，构成了服务提供方的服务出口和最终支付方的服务进口。第三，平台收取的

各类费用构成了中介、仓储、配送等服务的进出口（中介平台赋能贸易）。

跨境电商卖家销售货物，最终依照售价，扣除平台费用和物流支出等费用，收取到货物的成本和利润，这些构成了货物出口部分。在跨境电商业态全口径统计中，这部分根据其货物贸易特征，根据调查和境外平台财报推算等方式，纳入统计。

截止到目前，国内关于数字贸易测度研究的已发表成果，均未提出平台费用测度问题，原因大概有二：其一，平台服务已经包含在数字交付服务之中，平台测度与“两贸”测度相比，不是紧迫事；其二，平台服务值虽小，但测度难度颇大。本书写作组成员对这个问题做了一定的思考和测度探索。

（一）根据手册精神和中国情况归纳出跨境电商交易中平台中介服务的进出口情形

数字贸易与传统贸易的显著区别在于数字中介平台的出现，使得贸易由传统的进、出口两方关系变成了有平台介入的三方关系。平台的收费情况，有卖方付费、买方付费和买卖双方付费[①]。贾怀勤按着以上精神，在表 2–5 基础上制作“进出口贸易中数字平台的中介作用和对其服务的测度”（表 9–2），具体分为 a、b、c 三张子表，明确在买方付费、卖方付费和买卖双方共同付费三种不同情况下报告国对进 / 出口货值和中介平台服务是否纳统的不同处置。

不同跨境电商所涉贸易三边关系搭配的纳统处置详见表 9–2a、b、c 三个子表，其总原则是：

①报告国对所发生的跨境电商业务，其货值是否纳统，如何纳统（记为进口还是出口），仍遵循货物贸易统计的一般原则。

②当本国为一方的跨境电商业务发生时，报告国对外国 DIP 向本国买方或 / 和卖方收取的服务费记为 DIP 服务进口，对本国 DIP 向外国买方或 / 和卖方收取的服务费记为 DIP 服务出口。

---

① 参见手册 2.0 Annex B 之表 B.1，pp.145–150。

③就不跨越报告国关境的电商业务而言，如果这当中本国的 DIP 因向外国交易者提供中介服务而收取服务费，当记为 DIP 服务出口；如果这当中外国的 DIP 因向报告国交易者提供中介服务而收取服务费，当记为 DIP 服务进口。

表 9–2a　进出口贸易中数字平台的中介作用和对其服务的测度（买方付费）

1. 报告国货物出口		2. 报告国货物进口		3. 与报告国无关的货物交易		4. 报告国内部的货物买卖	
1.1 境内平台	1.2 境外平台	2.1 境内平台	2.2 境外平台	3.1 境内平台	3.2 境外平台	4.1 境内平台	4.2 境外平台
测度：出口贸易；中介服务出口	测度：出口贸易；	测度：进口贸易；	测度：进口贸易；中介服务进口	测度：中介服务出口	不测度	不测度	测度：中介服务进口

表 9–2b　进出口贸易中数字平台的中介作用和对其服务的测度（卖方付费）

1. 报告国货物出口		2. 报告国货物进口		3. 与报告国无关的货物交易		4. 报告国内部的货物买卖	
1.1 境内平台	1.2 境外平台	2.1 境内平台	2.2 境外平台	3.1 境内平台	3.2 境外平台	4.1 境内平台	4.2 境外平台
测度：出口贸易	测度：出口贸易；中介服务进口	测度：进口贸易	测度：进口贸易	测度：中介服务出口	不测度	不测度	测度：中介服务进口

表 9–2c　进出口贸易中数字平台的中介作用和对其服务的测度（双方付费）

1. 报告国货物出口		2. 报告国货物进口		3. 与报告国无关的货物交易		4. 报告国内部的货物买卖	
1.1 境内平台	1.2 境外平台	2.1 境内平台	2.2 境外平台	3.1 境内平台	3.2 境外平台	4.1 境内平台	4.2 境外平台
测度：出口贸易；中介服务出口	测度：出口贸易；中介服务进口	测度：进口贸易；中介服务出口	测度：进口贸易；中介服务进口	测度：中介服务出口（两笔）	不测度	不测度	测度：中介服务进口（两笔）

资料来源：贾怀勤根据手册第五章精神设计。

（二）杭州海关调研结果

杭州海关在2020年对跨境电商收费进行过调查，在调查基础上，编写了虚拟案例。

1. 跨境电商出口（中方平台提供服务）费用分解

一单跨境电商，买方支付的货款设为100元，其中的卖方成本和利润、运费和平台服务各占多少？说法不一。根据杭州海关在跨境电商综合试验区的调研，大致是3 : 4 : 3。根据国际贸易统计规则，出口按FOB价，中国跨境电商出口只记录上列比例的第一个30%价值。

根据这个比例，假设存在以下两个中国货物跨境电商出口案例，分别通过国内平台和国外平台进行跨境电商交易。

案例一

中国卖家通过速卖通平台销售商品给了一个哈萨克斯坦买家，并通过专线（中国航班）+荷兰邮政运输送达，商品售价100元，运费40元，平台费用综合计为30元。最终售价的分解：

● 100–40–30=30元，此30元为卖家最终收取的成本和利润，作为中国货物出口至哈萨克斯坦的出口货值。

● 运费合计40元，其中包含：①中国向哈萨克斯坦的运输服务出口；②荷兰向哈萨克斯坦的运输服务出口。

● 平台费用30元为中国向哈萨克斯坦的服务出口，为中国出口“中介平台服务”。

2. 跨境电商出口（外方平台提供服务）费用分解

案例二

中国卖家通过美国亚马逊平台销售商品给加拿大买家，并通过海运送达美国的FBA仓库，配送由亚马逊完成，商品售价100元，干线运输和清关落地入仓等费用综合计为40元，推广和佣金等费用30元。最终售价的分解：

● 100–40–30=30元，此为卖家最终收取的成本和利润，按终达国原则，统计为中国向加拿大出口。

● 40 元的干线运输等费用视承运方判定其服务进出口流向。

● 30 元的平台费用应视为美国向加拿大出口服务，可计入中介平台赋能贸易。但此费用不涉及中方的平台服务。

杭州海关判断，使用国内平台与使用国外平台的比例大致为 4 : 6。

3. 跨境电商进口费用的分解

杭州海关认为，从理论上说，进口的三项分解比例与出口一样。但在实践中仍有待于开展调查。

需要指出的是，按着国际贸易统计规则，进口按 CIF 价统计，如果跨境电商进口的 3 项比例与出口同，进口值应该按其中的 30%+40%=70% 来记录。（如果按国际收支口径，货物进口值只统计这个 30%，而 40% 统计为运输服务）

（三）建议继续开展平台服务费用调查

杭州海关的调查，为开展跨境电商平台服务费用的测度开了一个好头，但是尚存在一些未明确的问题。贾怀勤建议社会智库进一步开展企业调查，寻求进一步答案。

1. 三项费用分解比例

根据杭州海关的调查成果：对中国出口跨境电商的三项费用进行分解，其比例是 3∶4∶3；进口跨境电商的三项费用比例与出口相同。境内外平台使用比例是 4∶6。

经过近年业务发展，需要对这几个比例作进一步确认。如果上列三项比例关系有变化，得测算新的比例。

2. 自营平台问题

2020 年以来，中国跨境电商的一个显著现象是贸易企业自营平台的发展很快。手册没有提及出口企业自营平台问题，或许这在其他国家微乎其微甚至尚未出现，但在中国不能忽略，需要作专门调查，弄清楚两个环节问题。

①是否有这样的分野：自营平台主要从事大宗商品或高附加值、高技术商品的跨境电商服务，第三方中介平台主要从事小商品、杂类商品的跨境电商服务？

②自营平台的货值（成本加利润）、运费和平台费的比例。

有自营平台自述：他们经营的货物价值高，运费也相对高些，平台服务费用很低。三者大致比例，他们给出两组数据：（大宗商品）50 ∶ 45 ∶ 5；（高附加值商品）80 ∶ 15 ∶ 5。总之，平台费用只有5%。这个情况是否可以通过调查得到证实？

综上所述，中国跨境电商跨境平台的业态复杂性已经超越手册所建议的测度：手册只建议测度第三方中介平台服务，而中国有企业自建（自营）平台异军突起，因此中国的测度要涵盖两种平台的服务，需要测度电商出口中通过自营平台的出口值与使用第三方平台的出口值各占多大比率。

3. 卖方付费的问题

在跨境电商交易过程中，平台提供了商品展示广告、交易双方订单达成、提供支付物流接口等服务，部分平台直接提供物流配送、仓储等服务，并收取一定的服务费用。这部分费用的收取方式各有不同，如佣金和配送费用会直接在买家支付的货款中扣除，仓储、推广广告费用定期向卖家收取，但最终由买家承担了这部分费用。因此，杭州海关推定，平台费用一概由买方支付，其所有的费用分解基于这个推定。但是鉴于手册根据各经济体电商业务实践指出有买方付费、卖方付费和双方付费三种模式，我们需要对这个情况开展调查，弄清后两种付费模式的费用如何分解。

附文：杭州海关的三项费用作用的分析

一、跨境电商卖家的货物成本、利润等构成了货物进出口（数字订购贸易）

跨境电商卖家销售货物，最终依照售价，扣除平台费用和物流支出等费用，收取到货物的成本和利润，这些构成了货物出口部分，在跨境电商业态全口径统计中，这部分根据其货物贸易特征，根据调查和境外平台财报推算等方式，纳入统计，这部分可认为是数字订购贸易。

二、与传统贸易一致，国际干线物流构成了运输服务的进出口

跨境电商的国际干线物流，根据运输服务的提供方和最终支付方，与传统贸易一致，构成了服务提供方的服务出口和最终支付方的服务进口。

三、平台收取的各类费用构成了中介、仓储、配送等服务的进出口（中介平台赋能贸易）

在跨境电商交易过程中，平台提供了商品展示广告、交易双方订单达成、提供支付物流接口等服务，部分平台直接提供物流配送、仓储等服务，并收取一定的服务费用。这部分费用的收取方式各有不同，如佣金和配送费用会直接在买家支付的货款中扣除，仓储、推广广告费用定期向卖家收取，但一般都是由买家承担了这部分费用，可以认为是买家承担的服务费用，应根据买家和平台所在地的属性，确定其是否为服务进出口，如买家和平台所在地跨境，这部分费用可认为构成了服务进出口，是中介平台赋能贸易。

根据平台的收费模式可以一定程度了解其营收中的中介平台赋能贸易成分。

根据平台的收费模式，以及通过调查等手段了解平台服务的买家分布，可以大致掌握其中介平台赋能贸易的规模。如第三方平台营收的主要来源是佣金、广告推广等费用，那么可以根据买家所在地，初步区别服务对象为本国居民还是非居民，从而判断其是否提供了跨境服务。对非本国居民提供的服务，可以认为构成了服务出口，是中介平台赋能贸易部分。即根据平台营收和销售方向可大致推算其中介平台赋能贸易规模。

附：杭州海关调查关于销售价格和FOB价的折算

关于运费、平台费用等金额的比例，海关调查和测算的主要数据来源有三个方向，一是通过支付企业提供的经部分样本计算的比例，其佣金、配送仓储以及成本和利润的比例大致占整体售价的15%、11%和50%。第二是根据平均客单价和亚马逊收费标准进行的计算，常见小件商品的平均客单价约为25—30美元，佣金平均15%，配送费用约在2.5美元左右，仓储平均计为

1.1 美元（按周转期低于一个月计算），分别约占 9% 和 4%，合计约 28%，考虑一定程度的大件货物，调查结果 1 的数据可用，我们在测算时，充分考虑亚马逊的收费标准变化，并依此及时调整该参数。第三是在杭州综试区找了几家企业，对其数据进行了计算，结果与略高于结果 2，平台配送仓储费用在 30% 左右，运输费用甚至到达 40% 以上，主要原因是找的企业客单价较低，基本在 10 美元以下，没有高价类商品，综合考虑下，还是以支付企业样本数据以及亚马逊收费标准作为主要的参数参考。

海关在计算出口亚马逊平台的整体规模时，是以亚马逊的营收为基础，其营收的主要来源就是上述提到的佣金和仓储配送费用，以此计算亚马逊的销售结算额，中国商品的比例是由大数据手段获取并与重点访谈调研数据相比对印证的。再之后在销售结算额的基础上，按成本利润的比例来折算 FOB 价格。

关于中介服务出口的计算，我们在测算过程中有境内平台部分数据和境外平台部分数据的区分，但我们主要也是根据调查是否可以覆盖来大致定性其为境内还是境外，没有严格去纠结其注册地。以出口为例，大致的比例为境内:境外 4∶6，阿里系的速卖通等记为境内平台。

五、数字贸易测度工具展望

以统计核算创新应对国际社会数字贸易测度挑战，是当前数字技术在国际贸易领域快速发展的迫切要求。主要体现在，数字化改变了进出口产品的购买和交付的方式，数字贸易未来将成为国际贸易的主要形式，贸易政策制定者与国际贸易政策对数字贸易统计产生了巨大的需求。从《数字贸易测度手册》数字贸易概念框架出发，构建数字供给使用表和数字投入产出表，是数字贸易测度工具未来开发的方向。

（一）数字贸易的现有测度逻辑

现有数字贸易统计以《数字贸易测度手册》为基准，聚焦数字贸易规模测度，其架构思路不是建立全球性、系统性规则和统计规范，而是根据现有国际贸易的统计标准，参照各种数字贸易范畴对现有贸易数据进行剥离（即数字贸易在经济统计中的可视化），获取跨境货物和跨境服务规模数据；这种剥离货物贸易统计和服务贸易统计的方法有如下局限性：

1. 包含假设：进出口活动中的数字化部分已存在于现有贸易统计中，数字贸易测度的核心工作是分离出数字化部分，令已隐含在进口和出口中的数字部分明确地区分出来，而非另起炉灶制定新的统计规范；

2. 本质上属于“全值”统计范畴，尚未涉及“增加值”统计范畴，例如数字中介平台不涉及交易产品的经济所有权，也不拥有交付服务本身，只是为产品生产者和消费者之间的交易提供便利而获得收入（即服务费），忽略这一点，则无法展示数字贸易对产业链和全球化的影响。

从系统方法角度看，当前缺少系统工具用于生成详细统计数据、监测数字贸易发展的全貌和支撑贸易政策制定。虽然各国国民经济行业分类中均有相关数字部门分类，部分国家还专门制定了数字经济分类，例如中国国家统计局颁布了《数字经济及其核心产业统计分类》，但产业和产品细分，以及与货物贸易和服务贸易对应的具体构建方法还未建立，需结合最新的投入产出表和建模方法进一步开展。

数字贸易是数字经济的有机组成，其测度需要在数字经济框架下统筹考虑（图 9–3）。数字贸易概念与数字经济供给使用表采用了相同的测度框架，从交易方式、产品类型和交易主体三个维度反映数字活动的全部经济交易。从数字贸易数据获取实践看，各国密切关注通过企业调查获取数字交付比率的方法，《数字贸易测度手册》提供的各种方法和途径均需辅助调查、行政记录和相应贸易统计标准支撑，这些资料为进一步开展详细的数字贸易规模估计提供了很好的数据基础。从现有经济数据中剥离的数字化部分多为汇总信息，区分交易特征、产品详细分类和交易主体活动特征的更详细数字贸易情况还应进一步结合数字经济核算框架展开。

数字供给使用表（Digital Supply and Use Table, Digital SUTs）和数字投入产出表（Digital Input-Output Table, Digital IOTs）作为测度经济系统数字化恰

当工具，是增强数字可视性（Visibility）的有效方法。这类工具无须专门对数字经济建立一套新的统计核算方法，而是基于数字经济和数字贸易概念框架，将数字化部分从现有详细的经济统计数据中拆分出来，其核心是开发一个系统框架，展示数字化影响经济活动和交易的内在逻辑和关联，以更好地理解数字化影响国内交易和产生国际联系的图景。

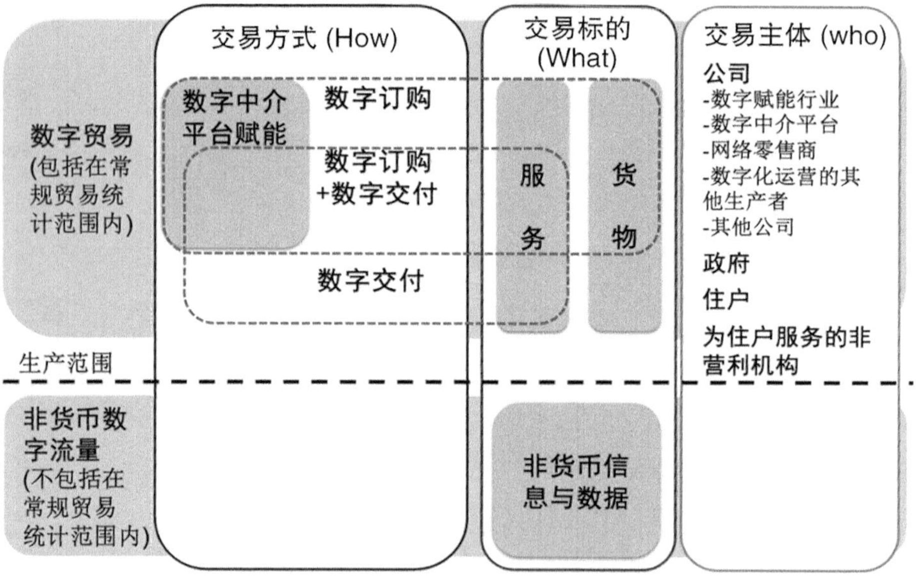

图 9–3　数字贸易测度概念框架与数字供给使用表框架

（二）卫星账户工具：数字供给使用表

数字贸易测度的概念框架与数字供给使用表协调一致。基于交易方式，数字供给使用表可以描述数字订购、数字交付和数字中介平台交易的详细信息，在产业层面反映数字产品生产、消费和进出口，以及通过数字方式获取非数字产品生产、消费和进出口信息。供给使用表作为一个弹性的框架，能够在不破坏表的平衡关系条件下纳入或细分出新产品和产业，反映数字产品和资产有关经济活动的详细情况。相应地，产出、增加值和其他组成根据需要在行和列之间重新分配。

数字供给使用表的基本样式参照标准的供给使用表设计。标准的供给使用表只区分经济系统生产的产品（行）、生产产品的行业、产品使用去向。考虑供给使用表与数字贸易概念框架的链接，数字供给使用表测度数字贸易具有三个维度：交易特征、产品和行业。供给表中的进口列和使用表中的出口列直接对应于现有的数字贸易规模估计。

1. 按交易方式细分的数字供给使用表

交易方式是数字供给使用表的基本要素，数字订购从行向进行细分，数字交付从列向进行细分（表 9–5 和表 9–6）。从行的角度看，按是否通过数字订购方式，可将交易产品分为四类：数字订购并数字交付的产品、数字订购非数字交付的产品、非数字订购非数字交付的产品、非数字订购数字交付的产品；考虑交易是否通过数字中介平台，可对数字订购产品进一步细分。从列的角度看，按是否数字交付方式，在供给表的行业总产出、进口、总供给中区分出数字交付的部分作为独立的列（表 9–5）；在使用表中，将产品的行业中间使用（中间消费）、最终使用（居民消费、政府消费、资本形成、进口）和总使用中区分出数字交付的部分作为独立的列（表 9–6）。表 9–5 和表 9–6 的行按数字订购特征采用相同的产品分类，列按数字交付特征分别给出总供给各列和总使用各列。具体数据可依据各国估算数字经济和数字贸易规模调查实践和《数字贸易测度手册》提供的数据来源建议进行详细数据估计。

2. 按产品细分的数字供给使用表

经济系统生产的全部货物和服务都包括在数字供给使用表中，但该框架重点关注 ICT 货物与数字服务，以及其他与数字订购或数字交付有关的产品。数字供给使用表中，将标准表中分布于多个行业的 ICT 货物和数字服务分离出来，形成单独的 ICT 货物和数字服务两个数字产品行（表 9–7 和表 9–8）。ICT 产品中与政策密切相关的“数字中介服务”和“云计算服务”由于是企业转换数字化运行方式的基础部门，因此建议独立出来，目前这两个产品在现有的产品分类中尚未单独识别。总之，为了重点突出关键数字产品 ICT 货物、DIS 和 CCS，在表中单独列出这三类产品，其他产品按统计标准产品分类列出。此外，非数字产品在数字供给使用表中也应该进一步细分，区分是否数字订购或数字交付，例如交通运输服务、住宿餐饮服务等是否通过数字订购达成交易。

3. 按产业细分的供给使用表

数字产业在供给使用表中的识别是通过行业部门反映全部经济活动的数字特征。在数字供给使用表中，识别七类数字产业（表 9–9 的行）：数字赋能产业（ICT 货物和数字服务的生产者）；数字中介平台（收入服务费）；数据和广告驱动的数字平台；生产者依托的数字中介平台；网络零售商；数字化运营的金融服务提供者；数字化运营的其他生产者。这七个产业部门从标准供给使用表的产业部门中分离出来，用于量化数字活动特定的几个重要方面。这些数字产业部门中的企业分类依据其商业模式或与消费者互动过程中数字技术的使用情况，而非按照其从事的经济活动进行分类。例如，零售商归类为网络零售行业按其主要销售收入来自数字化订购的部分来认定。

表 9–3 和表 9–4、表 9–5 和表 9–6、表 9–7 从不同维度提供了测度数字贸易的框架，结合《数字贸易测度手册》提供的数据搜集和指导国家测度实践，利用企业调查、住户调查和其他各种宏观数据，可以生成一系列指标以展示生产、消费和进出口受数字化转型的影响情况。

（三）经济系统工具：数字投入产出表

测度数字贸易的系统方法在数字供给使用表的基础上，可构建两种形式的数字投入产出表。一是表征交易特征的数字投入产出表（表 9–8），以架构数字投入产出表为核心，将数字订购和数字交付与数字投入产出表整合，形成一个综合方法系统，其中灰色部分为区分数字交易类型的出口向量和进口向量。二是表征数字产品与数字产业的数字供给使用表（表 9–9），即投入产出表的广义形式，可根据需求转换为对称型的数字产品 × 数字产品表或数字产业 × 数字产业表。其中灰色部分为该表填充数据部门，出口和进口以向量形式列出，可按照表 9–8 交易特征进一步区分是否数字订购和数字交付。表 9–8 和表 9–9 可以列昂惕夫（Leontief）标准投入产出模型为基础建立数字贸易投入产出模型。

从中国实践角度出发，建立国家数字贸易投入产出系统，可根据国家统计局《数字经济及其核心产业分类》编制中国国家层面数字投入产出表，基于企业调查、住户调查、海关跨境电商统计和国际收支统计等数据拆分货物和服务的数字赋能部分（数字化率、交易方式等），与投入产出表的进口和出口对应部门匹配，并拆分非数字贸易部分；分别按货物跨境电商和数字服务贸易测算，计算分行业部门货物跨境电商、数字服务贸易规模数据和全国总量数据。

从全球角度，基于ICT行业部门的技术驱动，区分ICT货物和数字服务，构建全球数字投入产出表，根据《数字贸易测度手册》框架和欧美主要经济体的数字订购贸易和数字交付贸易调查，结合国际货物贸易统计和服务贸易统计数据，与全球数字投入产出表进行对接，形成全球数字贸易多区域投入产出表。

从全面估算数字贸易规模的长期角度考虑，计算国家间可比的数字贸易规模，一是按《数字贸易测度手册》区分数字订购、数字交付、数字中介平台三种类型的规模；二是按服务贸易四种供应模式，尤其是数字内容和数字服务的跨境流动规模。

（四）小结与讨论

数字贸易测度是中国从贸易大国向贸易强国迈进过程中的统计基础，是国际贸易的软实力；系统科学方法是数字贸易由试测度走向常规统计的坚实基础；数字贸易测度要发展成为既符合国际标准、又符合中国贸易发展现实的国际可比的、反映中国大国地位的统计体系，是中国应对国际上数字贸易测度挑战，扩大高水平对外开放的强有力支撑。

本节从国际统计标准和中国贸易实践出发，按照货物贸易统计和服务贸易统计两个既有统计框架，搭建数字贸易投入产出框架。将数字技术与投入产出表相结合，协调贸易统计分类、数字经济核心产业分类，架构数字贸易的系统化投入产出方法体系，提供各种口径下可比的数字产品、数字服务和货物跨境流动测度方法与数据，探索国家数字贸易的系统估计方法。如果说本章前四节是数字贸易测度的近期前瞻的话，本节所提出的工具则属于中远期展望了。

本节设计的数字供给使用表和数字投入产出表在具体编制过程中，需重点考虑几个技术问题。一是国际统计标准本土化。与国际统计标准协调且符合中国贸易发展实践的数字贸易测度框架是研究难点之一，本节以货物跨境电商与数字服务贸易二元框架为基础，建立与《数字贸易测度手册》数字订购、数字交付和数字中介平台相对应的投入产出结构，形成一定科学务实的创新体系应对数字贸易测度挑战。二是各种分类的协调与数据来源。数字经济及其核心产业统计分类与货物跨境电商统计体系、扩展的国际收支统计服务分类之间的对应对接，以及与这些分类匹配的数据来源问题等（即分类衔接与相应指标和数据调整）是架构数字贸易投入产出方法体系的难点。三是分行业分贸易产品的数字化率测定。海关跨境电商统计已经覆盖“全口径统计”，通过企业调查途径获取“服务实际交付比率”是各国采取的最重要方式之一，因此，基于货物贸易数字化率和服务贸易数字化率可以推断投入产出行业的数字化货物和数字化服务的进口总额和出口总额，实现数字贸易投入产出表行业结构的准确测定。

表 9–3 数字供给表：按交易方式细分

交易类型	总产出	总产出—数字交付	进口	进口—数字交付	产品税	购买者价格总供给	购买者价格总供给—数字交付
总产品							
1. 数字订购							
1.1 直接从生产方订购							
1.2 通过 DIP 订购							
1.2.1 通过本国 DIP 订购							
1.2.2 通过外国 DIP 订购							
2. 非数字订购							

表 9–4　数字使用表：按交易特征细分

交易类型	中间消耗	中间消耗—数字交付	居民消费	居民消费—数字交付	政府消费	政府消费—数字交付	资本形成	资本形成—数字交付	出口	出口—数字交付	总使用	总使用—数字交付
总产品												
1. 数字订购												
1.1 直接从生产方订购												
1.2 通过 DIP 订购												
1.2.1 通过本国 DIP 订购												
1.2.2 通过外国 DIP 订购												
2. 非数字订购												

表 9–5　数字供给表：按产品细分

产品类型	总产出	进口	产品税	购买者价格总供给
总产品				
1. 数字产品				
1.1ICT 货物（除 DIS 和 CCS）				
1.2 数字中介服务（DIS）				
1.3 云计算服务（CCS）				
2. 非数字产品				

表 9-6　数字使用表：按产品细分

产品类型	中间消耗（按行业细分）							最终需求				总使用
	产业A	产业B	产业C	……	产业S	产业T	产业U	居民消费	政府消费	资本形成	出口	
总产品												
1. 数字产品												
1.1ICT 货物（除 DIS 和 CCS）												
1.2 数字中介服务（DIS）												
1.3 云计算服务（CCS）												
2. 非数字产品												

表 9-7　数字使用表：按产业细分

产业类型	雇员报酬	营业盈余	产品税减补贴	增加值	进口	产出
全部行业						
1. 非数字行业						
2. 数字赋能行业						
3. 数字中介平台						
4. 数据和广告驱动平台						
5. 生产者依托平台						
6. 网络零售商						
7. 数字化运营的金融服务业						
8. 数字化运营的其他生产者						

表 9-8　数字投入产出表（交易特征）

	中间消耗		最终使用						
	数字部门	非数字部门	居民消费	政府消费	资本形成	出口一数字订购并数字交付	出口一数字订购非数字交付	出口一非数字订购并数字交付	出口一非数字订购非数字交付
数字部门									
非数字部门									
进口一数字订购并数字交付									
进口一数字订购非数字交付									
进口一非数字订购并数字交付									
进口一非数字订购非数字交付									
增加值									

表 9-9　数字供给使用表（产品 * 产业）

		产品					行业								最终需求				合计
		1. 数字产品	1. 1ICT货物（除DIS和CCS）	1. 2数字中介服务（DIS）	1. 3云计算服务（CCS）	2. 非数字产品	1. 数字赋能行业	2. 数字中介平台	3. 数据和广告驱动平台	4. 生产者依托平台	5. 网络零售商	6. 数字化运营的金融服务业	7. 数字化运营的其他生产者	8. 非数字行业	居民消费	政府消费	资本形成	出口	
产品	1. 数字产品																		分产品总使用
	1. 1ICT货物（除DIS和CCS）																		
	1. 2数字中介服务（DIS）																		
	1. 3云计算服务（CCS）																		
	2. 非数字产品																		
行业	1. 数字赋能行业																		分行业总产出
	2. 数字中介平台																		
	3. 数据和广告驱动平台																		
	4. 生产者依托平台																		
	5. 网络零售商																		
	6. 数字化运营的金融服务业																		
	7. 数字化运营的其他生产者																		
	8. 非数字行业																		
增加值	雇员报酬																		增加值
	营业盈余																		
	产品税减补贴																		
进口																			总进口
合计		分产品总供给					分行业总投入								分类型最终使用				

（本章撰稿人：贾怀勤、王亚菲）

参考文献

[1] 中华人民共和国商务部 . 中国数字贸易与软件出口发展报告 2017 [R].

[2] 贾怀勤、刘楠 . 关于数字贸易及其测度研究的回顾与建议——基于国内外文献资料的综述 [J] . 经济统计学（季刊），2018 年第 1 期 .

[3] 贾怀勤 . 建议开展数字贸易尝试性测度 [N] . 第一财经日报，2018 年 2 月 26 日，A11 版 .

[4] 裴长洪 倪江飞 李越 . 数字经济的政治经济学分析 [J]. 财贸经济，2018 年第 9 期 .

[5] 马述忠、房超、梁银峰 . 数字贸易及其时代价值与研究展望 [J]. 国际贸易问题，2018 年第 10 期 .

[6] 来有为、宋芳秀 . 数字贸易国际规则制定：现状与建议 [J]. 国际贸易，2018 年第 12 期 .

[7] 李俊 . 全球服务贸易发展指数报告（2018）——数字贸易兴起的机遇与挑战 [M]. 社会科学文献出版社，2018 年 12 月 .

[8] 杨仲山、张美慧 . 数字经济卫星账户 [J]. 统计研究，2019 第 3 期 .

[9] 贾怀勤 . 数字贸易的概念、营商环境评估与规则 [J]. 国际贸易，2019 年第 9 期 .

[10] 向书坚、吴文君 . 中国数字经济卫星账户框架设计研究 [J]. 统计研究，2019 年第 10 期 .

[11] 商务部服务贸易与商贸服务业司 . 中国数字服务贸易发展报告

2018[EB/OL]. 2019 年 .

[12] 国际贸易投资新规则与自贸试验区建设团队 . 全球数字贸易促进指数报告（2019）[M]. 立信会计出版社，2019 年 9 月 .

[13] 许宪春 张美慧 . 中国数字经济规模测算研究 [J]. 中国工业经济，2020 年第 5 期 .

[14] 刘军 杨渊鋆 张三峰 . 中国数字经济测度与驱动因素研究 [J]. 上海经济研究，2020 年第 6 期 .

[15] 沈玉良，彭羽，高疆，陈历幸 . 全球数字贸易促进指数分析报告（2020）[R]，上海社会科学院，2020 年 11 月 .

[16] 马述忠，沈雨婷，耿学用 . 宽口径理解数字贸易的优势 [N/OL]. 中国社会科学报，2020 年 11 月 25 日第 4 版 .

[17] 中国信息通信研究院 . 中国数字贸易发展白皮书 2019[EB/OL]，2019 年 12 月 .

[18] 中国信息通信研究院 . 中国数字贸易发展白皮书 2020[EB/OL]，2020 年 12 月 .

[19] 国家工业信息安全发展研究中心 . 中国数字贸易白皮书 2020[R]，2020 年 12 月发布 .

[20] 中华人民共和国商务部服务贸易与商贸服务业司 . 中国数字贸易发展报告 2020[R] .

[21] 商务部研究院服务贸易研究所 . 数字贸易基本知识读本（征求意见稿）[EB/OL] . 2020 年 12 月 .

[22] 罗良清、平卫英、张雨露. 基于融合视角的中国数字卫星账户编制研究 [J]. 统计研究 2021 年第 1 期 .

[23] 沈玉良，彭羽，高疆，陈历幸 . 数字贸易发展新动力：RTA 数字贸易规则方兴未艾——全球数字贸易促进指数分析报告（2020）[J] . 世界经济研究，2021 年第 1 期 .

[24] 方元欣. 对我国数字贸易发展情况的探索性分析——基于 OECD-

WTO 概念框架与指标体系 [J]. 对外经贸统计，2021 年第 2 期 .

[25] 蔡跃洲 牛新星 . 中国数字经济规模测算及“十四五”预测 . 李海舰 蔡跃洲 . 中国数字经济前沿（2021）[M] . 北京：社会科学文献出版社，1–21 页 .

[26] 郭永泉 . 跨境电子商务统计制度和方法研究 [J]. 对外经贸统计，2021 年第 3 期 .

[27] 国家统计局副局长鲜祖德解读《数字经济及其核心产业统计分类（2021）》，国家统计局官网，2021 年 6 月 3 日，http://www.stats.gov.cn/tjsj/zxfb/202106/t20210603_1818130.html.

[28] 张美慧 . 数字经济供给使用表：概念架构与编制实践研究 [J]. 统计研究，2021 第 7 期 .

[29] 陆海生、方正、张建国 . 跨境电商业态全口径统计的研究与应用 [J]. 海关与经贸研究，2021 年第 5 期 .

[30] 贾怀勤 . 数字贸易测度研究综述和路径方法分析 [J]. 海关与经贸研究，2021 年第 6 期 .

[31] 李俊 . 数字经济与数字贸易理论与实践 [M]. . 北京：民主与建设出版社，2021 年 .

[32] 中国信息通信研究院. 中国数字经济白皮书（系列）[R/OL]，从 2016 年版至 2022 年版 .

[33] 贾怀勤、高晓雨、许晓娟、方元欣 . 数字贸易的概念架构、指标体系和测度方法初探 [J]. 统计研究，2021 年第 12 期 .

[34] 沈玉良 . 数字贸易发展转折点：技术与规则之争——全球数字贸易促进指数分析报告（2021）[J]. 世界经济研究，2022 年第 5 期 .

[35] 国务院发展研究中心对外经济研究部、中国信息通信研究院 . 数字贸易发展于合作报告 2023[R].

[36] WEBER R H. Digital Trade in WTO–law–taking Stock and Looking Ahead[J]. Asian Journal of WTO and International Health Law and Policy, 2010.

[37] Borga M, Koncz–Bruner J.Trends in Digitally–enabled Trade in Services, 2012[J/OL], https://www.bea.gov/research/papers/2012/trends–digitally–enabled–trade–services.2012–09–07.

[38] International Trade Commission of the United States. Digital Trade in the U. S. and Global Economies, Part Ⅱ [R]. August 2014 .

[39] International Trade Commission of the United States. Digital Trade in the U. S. and Global Economies, Part Ⅰ [R]. July 2013:1.

[40] Grimm A N. Trends in U.S. Trade in Information and Communications Technology (ICT) Services and in ICT–enabled Services[J].Survey of Current Business, 2016（09）.

[41] International Trade Commission of the United States. Digital Trade 1: Market Opportunities and Key Foreign Trade Restriction[R]. August 2017.

[42] WTO.World Trade Statistical Review 2017 [R]. WTO, 2017.

[43] OECD. Measuring Digital Trade: Towards a Conceptual Framework [R]. OECD Headquarters, 2017.

[44] OECD, IMF. Towards a Handbook on Measuring Digital Trade: Status Update [R]. OECD and IMF, 2018.

[45] Nicholson J R. Measuring Digital Trade in the U.S., Overview of activities at the U.S. Bureau of Economic Analysis, UNCTAD E–Commerce Week [EB/OL］, (2018–04–16) [2022–06–05].

[46] UNCTADUNCTAD. IMPLEMENTING A SURVEY ON EXPORTS OF ICT–ENABLED SERVICES, Analytical report on the main findings and lessons learnt from survey implementation during 2017. JUNE 2018:19–20.

[47] Martina Francesca Ferracane, Hosuk Lee–Makiyama, and Erik van der Marel. Digital Trade Restrictiveness Index. European Centre Internatioanl Political Economy, 2018.4.

https://unctad.org/system/files/official–document/tn_unctad_ict4d11_en.pdf

[48] OECD, WTO and IMF. Handbook on Measuring Digital Trade, Version 1 [R]. OECD, WTO and IMF, 2020.

[49] UNCTAD. Implementing a Survey on Exports of ICT–Enabled Services–Analytical Report on the Main Findings and Lessons Learnt from Survey Implementation during 2017[EB/OL]. June 2018.

[50] United Nations. 2018. Handbook on Supply and Use Tables and Input–Output Tables with Extensions and Applications. New York: United Nations.

[51] Ferencz, J. (2019), "The OECD Digital Services Trade Restrictiveness Index" , OECD Trade Policy Papers, No. 221, OECD Publishing, Paris.

http://dx.doi.org/10.1787/16ed2d78–en

[52] OECD, WTO and IMF. Handbook on Measuring Digital Trade, Version 1 [EB/OL]. OECD, WTO and IMF, 2020.

https://www.oecd.org/sdd/its/Handbook–on–Measuring–Digital–Trade–Version–1.pdf

[53] OECD, WTO, IMF and UNCTAD. Handbook on Measuring Digital Trade, the Second Edition [ED/OL]. OECD, WTO, IMF and UNCTAD, 2023.

https://www.oecd.org/trade/handbook–on–measuring–digital–trade–second–edition_ac99e6d3–en

后　　记

本书力求对始自 2014 年的中国数字贸易统计测度理论、方法研究和实务探索作一个较为全面的回顾，并结合（截止到“后记”成文时间的）最新情况提出今后的预期和建议。

本书的撰写，基于我本人多年来的研究发现，也吸纳了几位学者和研究团队参与其中。这当中：殷丽梅作为国家工业信息安全发展研究中心的代表在著者中列名，该团队还包括高晓雨、方元欣和王梦梓；方正作为杭州海关的代表在著者中列名，该团队还包括陆海生和张建国；另外两位著者齐海涛来自天津鼎韬企业研究院，王亚菲来自北京师范大学国民核算研究院。

本研究的阶段性成果，陆续在一个名为“元陆会”的微信平台上报告过，并听取平台成员的评论和建议。“元陆会”是对由我任主任的中国对外经济贸易统计学会学术委员会起外围支撑作用的微信群，得名于 2020 年元月 6 日召开的第一次数字贸易测度研讨会（在线）。在此，我代表著者全体向“元陆会”群友们致谢！

本书所涉相关课题的研究工作一直得到商务部服贸司和海关总署统计分析司有关领导和具体负责同志的关注和大力支持，著者向他们致以特别的谢意！

本书的出版得到对外经济贸易大学校友基金会的资助，这也是著者要特别致谢的。

最后，要感谢对外经济贸易大学出版社，使本书能够及时和高质量地面世。

2024 年 3 月 5 日